四川大学"中国语言文学与中华文化全球传播"双一流学科群专项资助

传播符号学书系 · 国际视野

传播符号学书系 · 国际视野 ｜ 主编：胡易容 饶广祥

民族符号学

文化研究的方法

ETHNOSEMIOTICS:
APPROACHES TO THE STUDY OF CULTURE

［匈］米哈伊·霍帕尔

（Mihály Hoppál）

——

著

彭佳 贾欣

——

译

张建中

——

审校

社会科学文献出版社

SOCIAL SCIENCES ACADEMIC PRESS (CHINA)

总　序

　　传播学与符号学的学科发展时间起点相近而路径不同。符号学的学科化始于索绪尔于 1907～1911 年在日内瓦大学讲授《普通语言学》课程，其以语言符号为对象系统阐述了结构主义符号学的基本理论框架。传播学始于 1905 年布莱尔在威斯康星大学开设的新闻学课程。正如语言之于符号学，新闻也成为传播学的第一个门类及核心对象，学界至今仍将"新闻"与"传播"并称。

　　在百余年的学科发展进路中，尽管符号学与传播学发展路径截然不同，但两者理论逻辑的深层联系却将两者密切联系在一起。施拉姆在《传播学概论》中辟专章写"传播的符号"，并指出"符号是人类传播的要素"。① 符号学在经历三代学人并发展出四种典型模式之后，近三十年来的重要发展方向之一是与当代传媒诸现象结合。法国学者皮埃尔·吉罗认为，传播学与符号学从某些方面来说是"同义语"；约翰·费斯克则将传播学分为注重研究"意义"的"符号学派"和注重研究效果的"过程学派"。② 我国学者陈力丹对传播学的基本定义是"研究人类如何运用符号进行社会信息交流的学科"③。从学理上讲，传播学须通过"传播的符号研究"以洞悉"意义"的实现；反之，符号学也必须跨越狭义的"语言"而进入当代传媒文化这一最庞大的符号景观。对两个不同发展传统的学科来说，符号学可以从理论繁复的"玄学"处落地于具体的文化传播现象；

---

①　威尔伯·施拉姆：《传播学概论》，何道宽译，中国人民大学出版社，2010，第 61 页

②　Fisk, John. *Introduction to Communication Studies.* London：Routledge，1990. xv.

③　陈力丹：《传播学是什么?》，北京大学出版社，2007。

传播学也可以借助符号学丰富理论提升学理性。受美国新闻传播学传统的影响，当前我国传播学过多倚重社会学方法，故而学界有观点认为，传播学应归属于社会科学而非人文科学。暂时搁置这个争议，仅就传播内容而言——其作为"符号"构成的"文本"，具有无可争议的"意义属性"。作为研究"意义"的学问，符号学可与社会学研究方法互为补充，为传播学提供基础理论。

从当今传媒文化发展的现实来看，传播学与符号学对彼此的需求更加迫切。人类正在经历由互联网引发的传媒第三次突变[①]，传播研究的问题正在从"信息匮乏"转向"意义需求"。20世纪兴起的传播，以电视、广播、报纸等大众传媒为主。此时传播学研究的关键点，是信息如何到达、获取——这与"信息论"方法是相适应的。若将此问题置于当今"传媒的第三次突变"背景下来看，"后真相"时代社会信息的需求，已经从匮乏转变为"在过载的信息中寻找意义与真知"。"人类命运共同体"这一宏大命题的基本条件，不仅是经由全球化媒介实现的信息通达（这在技术上早已经不构成壁垒），还必须包括人类整体的"意义共同体"。即，当代传播学应对"传媒突变"的策略，须以更开放的姿态从"信息到达"向"意义交流"转进。一方面，"传播"应回归于"交流"这一受传交互的意涵；另一方面，"信息—通达—行为"的过程结果论研究，应向"意义的共享、认知与认同"深化。

当前，打破学科间的壁垒正在成为国内外学术发展的共识和趋势。国际上将"符号学""传播学"的融合领域通称为"符号学与传播学"。该领域影响较大的学派包括法兰克福学派、巴黎学派、布拉格学派、伯明翰学派、塔尔图学派、列日学派，等等。目前，国际上众多知名高校设立了"传播学与符号学"专业或课程，如美国宾夕法尼亚大学、康奈尔康大学，加拿大圣劳伦斯大学，澳大利亚昆士兰大学，保加利亚索非亚大学，丹麦哥本哈根大学，意大利都灵大学，等等。世界著名的德古意特出版集团从2011年开始推出"符号学·传播·认知"（semiotics·communication·cog-

---

① 赵毅衡：《第三次突变：符号学必须拥抱新传媒时代》，《天津外国语大学学报》2016年第1期。

nition）大型系列丛书，迄今该丛书已出版数十部。国内学界也很早注意到了符号学与传播学的学理共性。陈力丹在《符号学：通往巴别塔之路——读三本国人的符号学著作》（1996）① 中指出：符号学不仅是传播学的方法论之一，而且应当是传播学的基础理论。随着符号学在中国的不断扩展，将符号学和传播学结合起来研究的学者越来越多，话题也越来越广。"传播符号学"已成为新闻传播学研究的重要发展方向。

值得追问的是，中国传播符号学研究，是否仅仅指借用西方符号学理论和术语来解释当今中国面临的问题？这关涉到中国符号学的话语建构总体背景。

中国传统文化符号丰富多彩，并曾有着优渥的符号学土壤。《周易》或许可被解读为世界上第一部呈现全部人类经验的符号系统。② 从狭义的符号学思想的源头来看，在古希腊斯多葛学派（The Stoics）讨论符号和语义问题的同时，中国的"名家"也在讨论"名实之辩"。名家代表学者公孙龙（约公元前 320 年～约公元前 250 年）与芝诺（约公元前 336 年～约公元前 264 年）的出生年代仅差 16 岁。仿佛两位思想者约定好，在那个伟大的轴心时代远隔重洋思考这个符号与意义的问题。遗憾的是，尽管先秦名学充满思辨的智慧，却并未成为"正统"而得到很好的延续。名学被其他学派批评为沉溺于琐碎的论证。此后，在儒学取得正统地位时名学自然被边缘化了。应当承认，中国传统符号学思想没有对世界符号学运动形成实质性影响。

20 世纪，符号学曾一度在中国有所发展。1926 年，赵元任曾独立于西方符号学两位开创者提出符号学这一术语并阐述了自己的构想，并写成《符号学大纲》。③ 遗憾的是，赵元任的符号学构想也缺乏后续传承。中国错失了 20 世纪符号学发展的两个黄金时期：一个是 20 世纪上半期的"模式奠定与解释阶段"，这一阶段形成了索绪尔结构主义语言学、皮尔斯逻

---

① 陈力丹：《符号学：通往巴别塔之路——读三本国人的符号学著作》，《新闻与传播研究》1996 年第 1 期。
② Zhao, Y., "The fate of semiotics in China", *Semiotica*, 2011（184），271 – 278.
③ 赵元任：《符号学大纲》，载吴宗济、赵新那编《赵元任语言学论文集》，商务印书馆，2002：177 – 208。

辑修辞学、卡西尔—朗格文化符号哲学及莫斯科—塔尔图高技术文化符号形式论等基础理论模式；另一个是索绪尔及其追随者引领的世界性结构主义思潮。此后，符号学经历了一个相对平缓的发展期。尽管有格雷马斯、艾科、巴尔特、乔姆斯基等一批重要学者在诸多领域做出重要贡献，但这些贡献大致是在前人奠定的基础模式上进行再发现或局部创新。符号学自身的发展方式，也转而通过学派融合来实现。

20世纪80年代，中国学术从"文革"中复苏时，符号学发展第二阶段已接近尾声。符号学对中国学界成了不折不扣的舶来品。重新起航的中国符号学研究，很大程度上是由一批在海外游学留学的学者带动的。他们译介西典、著书立说、教书育人，影响了一批中国学者。① 王铭玉认为，中国的符号学研究起步较晚但起点较高，在非常短的时间内基本上追赶上了国际研究潮流。② 他将中国符号学发展分为三个阶段。第一个阶段指20世纪80年代上半段（1981～1986年）。这一阶段可称为"学科引介"阶段，以译介工作为主。如1981年王祖望翻译了西比奥克（Thomas A. Sebeok，当时的译名为谢拜奥克）的《符号学的起源与发展》③；史建海发表了《符号学与认识论》④；金克木发表了《谈符号学》⑤；等等。随后，一批符号学经典论著在国内翻译出版：菲迪南德·索绪尔的奠基之作《普通语言学教程》（索振羽等译，北京大学出版社，1986）、池上嘉彦的《符号学入门》（张晓云译，北京国际文化出版公司，1985）、特伦斯·霍克斯的《结构主义和符号学》（瞿铁鹏译，上海译文出版社，1987）、罗兰·巴特的《符号学原理》（李幼蒸译，生活·读书·新知三联书店，1988）、皮埃尔·吉罗的《符号学概论》（怀宇译，四川人民出版社，1988）、艾科的《符号学理论》（卢德平译，中国人民大学出版社，1990）。到20世纪80年代末，中国学者自己撰写的符号学专著相继面世。余建章、叶舒宪的

---

① 赵毅衡：《中国符号学六十年》，《四川大学学报》（哲学社会科学版）2012年第1期。
② 王铭玉，宋尧：《中国符号学研究20年》，《外国语》2003年第1期。
③ C. 皮尔逊，V. 斯拉米卡《信息学是符号学学科》，张悦校，《国外社会科学》1984年第1期；T. 谢拜奥克《符号学的起源与发展》，王祖望译，《国外社会科学》1981年第5期。
④ 史建海：《符号学与认识论》，《内蒙古社会科学》1984年第8期。
⑤ 金克木：《谈符号学》，《读书》1983年第3期。

《符号：语言与艺术》（上海人民出版社，1988）、赵毅衡的《文学符号学》（中国文联出版公司，1990）等是我国学者贡献的最早一批符号学专著，代表了中国学者在符号学理论方面独立探索的"重新"开始。

从 1991 年开始，传播学与符号学各自获得了巨大的发展，应用中的边界频繁交叉。传播研究对于符号这一术语基本上无法回避。符号出现在传播学的各个门类中，如：教育传播、电视新闻、广告、艺术设计、建筑。这些文献大多运用了符号学术语与典型分析方法。其中，比较多的是应用索绪尔的能指与所指结构关系及其各种延伸形式，理论深度有限，且这一时期的应用多处于一种对问题解释的自然需求状态，缺乏从方法论本身进行学理性反思。丁和根将 1994 年到 1999 年称为国内"传播符号学"的"起步期"，并认为此后进入一个"发展期"。[①] 20 世纪的最后几年，传播符号学的学科方法论受到了更多重视，如周军的《传播学的"前结构"：符号活动的社会根源和基础》（《现代传播——北京广播学院学报》1994 年第 1 期）、陈道德的《传播学与符号学散论》（《湖北大学学报》（哲学社会科学版）1997 年第 2 期）。但此时具体研究新闻或电视的门类符号理论仍然占据较重要位置。如：唐迎春、徐梅发表的《论新闻传受的不对等性——从符号学角度的解读》（《国际新闻界》1997 年第 6 期）；刘智专著《新闻文化与符号》（科学出版社，1999）。2000 年之后，学界明确提出"传播符号学"并以之为研究主题的学者逐渐成为传播学领域的一种声音。

清华大学李彬较早地系统介绍传播符号学。他从狭义和广义两个层面界定了传播符号学的学科范畴，提出狭义的传播符号学，是"为新闻传播学所关注、由新闻传播学所推展、被新闻传播学所吸纳的与符号学相关的研究内容……"；广义的传播符号学则是"一切与新闻、传播相关的符号、话语、文本、叙事等方面的研究"。[②] 他这一时期的文章随后结集为专著《符号透视：传播内容的本体诠释》（2003）。书中开篇即指出："……其实，传播符号不仅是人类传播的'生命基因'……，而且也是人类文明的

---

① 丁和根：《中国大陆的传播符号学研究：理论渊源与现实关切》，《新闻与传播研究》2010 年第 6 期。

② 李彬：《批判学派在中国：以传播符号学为例》，《新闻大学》2007 年第 3 期。

'精神细胞'。"① 从研究方法和理论立场来看，李彬教授的研究有两个特点：一是，将符号学作为传播内容研究的方法；二是，将符号学归于传播学批判流派的方法之一。②

南京大学丁和根教授从话语分析与意识形态分析论入手，关注意义的生成与批判，并上升至方法论的学理性探讨。他的《大众传播研究的符号学方法论》（《新闻大学》2002年冬季号）是这一时期传播符号学方法论讨论最为周详的文献之一。他认为，话语（文本）分析和叙事学的研究取向，已经成为整个传播符号学的重中之重。因为"话语分析最能够体现符号学的整体性思维和研究方法，是传播学研究借鉴符号学方法的便捷之途"。③ 其次，他也倾向于认同符号学路径的批判取向。他认为，传播符号学虽然不能等同于批判学派，但与批判学派理论有着天然的内在联系和共同的学术取向。符号的方法更着眼于深度思辨而不是表层量化，为批判学派提供研究方法和理论资源，是传播符号学重要的意义和价值之所在。

上述两位学者的共同特点是将传播符号学作为传播学中的批判传统看待。如果将他们的研究称为传播符号学中的"批判分析学派"，那么李思屈、隋岩、曾庆香等教授则偏向于"符号实践与建构"。

李思屈教授从广告及消费文化入手，进入消费洞察与建构性操作。从1998年开始，他贡献了一系列广告符号学的论文。主张建构又富含思辨的思路在李思屈教授两部代表性著作中体现得也非常充分。在《东方智慧与符号消费：DIMT模式中的日本茶饮料广告》（浙江大学出版社，2003）中，他结合中国传统智慧，提出了用以指导广告传播实践的"DIMT"模式；而《广告符号学》（四川大学出版社，2004）是国内冠以"符号学"进行广告研究的第一部系统著作。这一思路在他近年的研究中一以贯之，如《传媒产业化时代的审美心理》（浙江大学出版社，2008），立足符号学，兼备质性与量化分析，对当代大众传媒产业和大众消费案例做出了翔实的分析。隋岩教授的《符号中国》从理论、实践两个维度探讨符号的含指项、同

---

① 李彬：《符号透视：传播内容的本体诠释》，复旦大学出版社，2003。
② 李彬：《批判学派在中国：以传播符号学为例》，《新闻与传播评论》2005年第5期。
③ 丁和根：《中国大陆的传播符号学研究：理论渊源与现实关切》，《新闻与传播研究》2010年第6期。

构、元语言机制、自然化机制、普遍化机制；并从中国文化符号传播实践中梳厘出象征中国的历史符号的变迁，探究鸦片、东亚病夫、缠足等负面能指符号背后的传播机制，思考如何提炼、打造代表中国、传播中国的强符号。中国传媒大学的曾庆香偏重从新闻话语入手，以新闻传播的符号叙事为基础分析了网络符号、新闻报道、北京奥运会等案例①。她注重建构实例分析，并注意到图像符号这一常常为话语分析所忽略的领域。

上面已经提及，一些学者从不同角度对我国传播符号学的发展进行了观察和分期。若以"传播符号学"的总体发展来看，2008 年是一个不可忽略的节点。这一年不仅研究数量大幅攀升，更有内在结构的质变。这一年尤其值得一提的是，已回国任教于四川大学的赵毅衡成立了符号学 - 传媒学研究所（ISMS），并创办了国内第一份打通传播学与符号学的学术期刊——《符号与传媒》。此后，他带领的符号学 - 传媒学研究所为中国传播符号学打开了全新的局面。在学科建设方面，四川大学设立了迄今全国唯一一个符号学交叉学科博士点，从 2009 年起招收传播符号学方向的硕士、博士研究生，培养了一批以符号学为方法论的文化传播研究有生力量。在成果出版方面，四川大学符号学 - 传媒学研究所组织出版、翻译的符号学几大系列丛书——《中国符号学丛书》《符号学译丛》《符号学开拓丛书》《马克思主义符号学丛书》《符号学教程》就超过 80 部。在组织机构方面，赵毅衡、蒋晓丽等教授发起成立的"中外文艺理论学会·文化与传播研究专业委员会""中国新闻史学会·符号传播学研究委员会"是符号学与传播学融合发展的全国性学术共同体，汇集了我国该领域主要的学者。此后，四川大学符号学 - 传媒学研究所还与天津外国语大学、同济大学、苏州大学、南京师范大学、西北师范大学等国内机构发起成立了"中国符号学基地联盟"，以共同推进中国符号学的发展。从 2008 年至今，我国传播符号学发展处在一个高峰期，参与人数、学术发表量乃至涉及学科都有了极大的拓展。

应当说，经过近 40 年的努力，中国符号学发展确实取得了长足的进步。在老一代学者的引领、培养下，该领域的新一代学者的学术素养并不

---

① 曾庆香：《认同·娱乐·迷思：北京奥运会开幕式的符号分析》，《当代传播》2009 年第 5 期

输于大洋彼岸的同人。摆在当今中国传播符号学研究者面前的问题转而成为：中国符号学以何种姿态处身全球化学术语境。换言之，若今天正在发生的知识更新在符号学领域引发的变革，将酝酿第三次世界性符号学运动，那么中国学者将如何跻身国际学界？

此问题的答案，或取决于中国学者如何解答人类面临的符号传播与文化变革共通问题。可以观察到，全球学界正在进行一场新的赛跑，且几乎站在同一起跑线上。并且，当今国际符号学发展涌现出许多新的动向。如：塔尔图学派在继承科学与文化交融传统的基础上在生命符号学领域有所拓展；当代美国符号学的研究具有方法论的综合性色彩，并在认知论、行为主义及非语言主义方向卓有成就；法国符号学发展表现出极强的语言文学特性，并与后结构主义文化研究发生融合。① 以艾科为代表的意大利符号学界，在艺术门类结合方面成绩突出——建筑、绘画、电影均有出色成绩，并在一般理论方向上关心意识形态研究。其中，意大利都灵学派的社会符号学特色鲜明；德国符号学则依然体现出优良的哲学传统，并与现象学传统、存在论传统以及阐释学传统融合；北欧符号学既具有浓厚的哲学思辨色彩，又融合了经验研究的新技术手段。丹麦、芬兰、瑞典等国的符号学结合了主体哲学、认知学等跨学科传统，与美国的系统论（贝特森）语用论及行为主义（莫里斯）传统遥相呼应。

纵观当今国际符号学界，多元化、流派融合的学术话语为新理论提供了足够多"素材"——它们就像一锅适合新事物发生的"原子汤"。更重要的是，当今传媒文化的剧变，为符号学乃至整个人文科学供了理论创新条件，同时也提出了亟待解决的现实问题——物理学对宇宙起源解析的突进冲击了哲学与宗教的世界观；人工智能正在改写"智域"的主体和边界；媒介剧变重铸着人类社会连接结构；生物工程，尤其是基因科学的进展，让人类不断尝试僭越造物主的角色……。

与此相对的是，在人类技术文明进步的同时，人类的生活意义却进入了空前危机：消费社会的物化和异化使得传统社会的信仰边缘化而伦理缺失；数字化生存的现实让"真""谬"关系发生了某种不对称的"后真相"转

---

① 李幼蒸：《理论符号学导论》，社会科学文献出版社，1993，第22页。

向；诉诸感官沉浸的碎片信息令传统文化生活的仪式感走向消失。在内爆的信息冲击下，人们失去了意义的追寻方向。国与国之间、民族与民族之间的文明冲突却没有因媒介技术带来的传播便利而稍减——恐怖袭击、暴力冲突甚至大屠杀有了更大规模的杀伤性手段；核威胁、生化武器以及具有更恐怖杀伤力的人工智能武器，仍是悬在全人类头上的达摩克利斯之剑。

这个时代对"意义交流"的需求比以往更加凸显，构成了学术发展的问题导向。而问题发展的基础则植根于所在的知识传统。做出卓越贡献的学者，也必然植根于其所在的学术土壤。符号学界常常热衷谈论皮尔斯与索绪尔的区别，但从学术传统的根源来看，他们的理论却有着共同的西方哲学起点：从研究对象来看，古希腊以来的语言逻辑修辞传统在索绪尔的理论模式中得到了充分体现。众所周知，索绪尔将研究范围界定于"以表音体系，且是以希腊字母为原始型的表音体系"[①]，这一研究对象即是西方语音中心主义的承袭。而皮尔斯的符号学起点，是亚里士多德以来的西方逻辑学。皮尔斯的逻辑修辞符号学模式，在某种意义上可看作是他的理论抱负——"构建亚里士多德传统能适应于各门学科的科学的逻辑"——的结果。此外，据说皮尔斯能背诵康德的《纯粹理性批判》。另一位康德主义的继承人——恩斯特·卡西尔则提出了"人是符号的动物"这一关于"人"的新定义。

上述学者的理论，都深刻植根于特定文化土壤与理论传统，并与社会发展的需求相结合。就西方符号学的知识传统来看，"东方中国符号"无论是作为对象，还是作为理论思考方式，都未能被恰当地纳入考虑。包括汉字在内的中华传统符号也仅仅是偶尔被作为"东方符号奇观"而加以误读式关照。这种忽略"文化生成生态"的"线性符号达尔文主义"[②]，其根本指向有悖于文化的多样性本质。

由上，摆在中国学者面前的课题，是对传播学和符号学的双重创新——既融通传统中国文化符号遗产，也接轨当下独特的中国传媒变革现

---

① 费迪南·德·索绪尔：《普通语言学教程》，高名凯、岑麒祥等译，商务印书馆，1980，第51页。

② 胡易容：《符号达尔文主义及其反思：基于汉字演化生态的符号学解析》，《兰州大学学报》（社会科学版）2018年第3期。

实。在这场学术创新话语竞赛中，中国学者提出的理论模式或贡献，应然是基于中国问题生发的，同时关涉"人类意义共同体"的一般规律。由此，当下中国传播符号学者在国际学界的发声，也应有意识地从追随西方理论的阐释，转向融通中西与新意独出并重。其中，涉及中国的对象问题的思考，则必须走出"东方主义"式二元对立框架，以越出仅仅通过与"西方"的比较来实现自身意义的存在。同时，中国传统文化符号思想所蕴含的"意义"必须在"人类意义共同体"的整体语境下被关照和阐发——这应是中国传播符号学界努力方向，也是本套丛书的初衷。"传播符号学丛书"是四川大学"符号学–传媒学研究所"（ISMS）发起并策划出版的一套丛书，旨在推进"传播符号学"的学科建设。本套丛书包括"国际视野"与"理论探索"两个子系列：前者主要译介传播符号学领域的国外优秀成果，旨在展现国内外传播符号学交叉发展的前沿视野和最新动态；后者力图展现中国学者在传播符号学领域的探索和努力。此种兼容并包的思路，是希望读者从这套丛书中能直观比较当前传播符号学国内外学者的视点，同时也在国际学术对话中为推动中国哲学社会科学话语体系的建构而尽绵薄之力。

胡易容
己亥夏四川大学竹林村

记一位匈牙利民族符号学家

匈牙利民俗研究者和神话学家米哈伊·霍帕尔（Mihály Hoppál）博士所著的这本书共有 12 章，而 12 这个象征性的数字代表着复杂性。1942 年，霍帕尔就读于萨罗斯帕塔克高中，1966 年他从德布勒森大学毕业。从 1967 年开始，在将近半个世纪的时间里他任职于布达佩斯的匈牙利科学院民族学研究所，并两度担任所长。他的研究领域包括民间信仰、民间医学、民间艺术的象征意义、神话、萨满教、民族志电影等。他游历广泛，足迹从芬兰、美国到西伯利亚、中亚、韩国、日本和中国。他出版了大约 30 种著作，其中关于萨满教的书籍被翻译成十几种语言，畅销世界各地。他是国际萨满教研究会主席，以及该研究会的著名期刊《萨满》的创刊编辑。他还是布达佩斯欧洲民俗学研究所所长，该研究所是一个基于联合国教科文组织建立的民俗学研究中心。在联合国教科文组织匈牙利委员会，他是社会科学的负责人。他是匈牙利科学院的博士，并于 2003 年在布达佩斯获得西蒙尼研究奖，在巴勒莫获得国际彼得雷奖。

他是民族符号学的发起者之一，无论是就这一术语而言，还是就这门学科的主要问题而言，皆是如此。本书选取的文章显示了他兴趣之广泛，书中涉及的领域包括岩石艺术、萨满鼓、世界观、民族象征、裸体和文身等。本书实际上是对 1/4 世纪前发表的论文的再版,不过,在这个新的版本中,作者进一步修正了某些术语和参考文献。因此,渐次地阅读这些章节,我们可以看到霍帕尔民族符号学思想的发展过程。

霍帕尔认为,文化即传播,其中编码、解码、信息和"说话者"是主要作用元素。他关心的是神话体系、萨满鼓的世界地图、食物的符号和婚礼的空间关系学。他以"连锁信"的分布为例来阐述传播过程。他通过对家庭照片的分析,来描述人们如何使用符号。

一个众所周知的符号学故事是,"民族符号学"这个术语是在 1971 年被 4 个人同时创造出来的,他们分别是:巴黎的 A. J. 格雷马斯(A. J. Greimas),莫斯科的学者尤里·斯蒂芬诺夫(Jury Stepanov),以及两位匈牙利学者——霍帕尔和我。霍帕尔把"民族符号"的主题描述为民俗文化连续的内在传统。但我的方法不同,我论证的是符用学、符义学和符形学(这里我借鉴了莫里斯的术语)在民族的符号研究中能够同等地使用。自 1971 年以来有很多人致力于研究民族符号学这一领域,在匈牙利,迄今为止,这仍是一个强大的传统,在这一方面我不得不提及匈牙利民族学家、物质民俗文化专家格拉菲克(Imre Gráfik)。

本书着重于实证观察,并试图对这些观察进行阐释。所论及的范围从旧石器时代到美国的第三代匈牙利移民,这极为鲜明地显现了霍帕尔历史视野的纵深和地理视野的宽阔。他将语言和图像研究完美地结合起来,许多研究都是基于个人的田野调查。他很幸运地一开始就在西伯利亚进行田野调查,接触到了当地的民族和研究人员。他对"民族符号学"的理解可以追溯到 20 世纪 60 年代末期,当时伊万诺夫(V. V. Ivanov)在莫斯科组织了一个研讨会,而霍帕尔是参会者之一。

本书的价值不言自明。我还可以说,霍帕尔首先以非英文出版的类似研究成果会在未来的丛书中更多地呈现。霍帕尔是匈牙利民俗研究的核心人物,同时他也是国际学界权威人士。本书中,既有"典型的"匈牙利研究,也有"典型的"比较研究。本书的结论显而易见:对传统文化(民俗文化）的符号学研究是卓有成效和引人注目的。本书是献给索菲亚符号学大会的礼物，这次大会将设立专门的"民族符号学"圆桌会议。

最后，我要提及他出版的一本小册子：《米哈伊·霍帕尔：作品编目》（布达佩斯，欧洲民俗出版社，2010），此书囊括了他的20余种专著、在匈牙利和国外出版的约60部编著作品，以及数百篇学术论文。他是30多部民族志电影的导演（包括联合导演）。在他的大学讲座列表中，有来自莫斯科、乌尔比诺、赫尔辛基、布卢明顿、特罗姆瑟、巴黎、首尔、北京、塔尔图、罗马、伦敦的约50所大学的邀请。

他是一个真正有国际地位的学者。

维尔莫斯·沃伊特（Vilmos Voigt）

匈牙利符号学研究协会主席

目录

第一章

民族符号学的方法

文化符号学的研究覆盖了文化和社会生活的整个领域。就如 20 世纪 70 年代中期一部名著的副标题所指出的那样，它有着自身固有的"象征（及符号）彼此相连的逻辑"（Leach，1976）。

20 世纪六七十年代是符号学新的繁荣期的开端。1962 年，学界举办了两次符号学的专题讨论会，一次是在美国，另一次是在苏联。这两次研讨会是两国人文学科发展之盛景的序曲，它预示着对一般符号学理论日益增长的学术兴趣。"经历了一段时期的符号帝国主义，我们现在必须直面越来越紧迫的危机"（Kelemen，1987）。符号学家为了囊括"所有模态中所有模式的交流"（Mead in Sebeok et al.，1964）所付出的巨大努力，在"万物皆符号"这样模糊宣言的伪装之下，建立了无尽的符号对象的帝国。这些努力和与此相伴的错误概念，是新学科的典型特征。尽管符号学是几个世纪以前出现的，今天的符号学仍然太过年轻。对未来而言，我们的任务是积累符号学史的知识（Pelc，1985），或者重构符号学思想的历史（Kelemen，1987：108）。

本章的目的之一是梳理并回顾近年来民族符号学的发展。我旨在继续重建民族符号学思想的历史，正如我在另一篇论文（Hoppál，1983）中所做的那样。下文将首先简要介绍欧洲的民族符号学（尤其是匈牙利的符号学）研究，然后论及苏联的文化符号学理论，最后将提及美国的符号人类学研究。本章在最后部分将展示民族符号学和阐释学是如何融合在一起的。

一 欧洲的民族符号学

在符号宇宙的迷宫中，至少有一席之地并不过于拥挤，那就是民族符号学。就像符号学意味着社会科学中知识范式的一个转变，民族符号学也应当是人类学（在东欧被称为民族志和民族学）知识范式的一个转变。要总结民族符号学的早期历史，必须弄清最早命名该术语的日期，就像重建动物符号学（Sebeok，1972：178）时所做的那样。

1969 年，我在莫斯科花了 3 个月时间学习苏联符号学。在"民族符号学笔记"的演讲中，我提出了"民族符号学"（ethnosemiotics）一词，该演讲的匈牙利语版本于两年后纳入匈牙利科学院民族学研究所的年刊予以出版（Hoppál，1971）。同年，国际民族学与民俗学学会关于欧洲民族学的首次大会在巴黎召开，会上，格雷马斯做了《对民族符号学对象的思考》的发言，他亦提出把这个复合词作为一个术语来使用（Greimas，1973）。就在这一年，斯蒂芬诺夫在俄罗斯出版了一部符号学专著，其中一篇很有意思，它专门讨论了民族符号学这一名称。该书的参考文献显示，这个词完全是他自己创造的，他没有参考国际上该领域的文献。应该指出的是，莫斯科－塔尔图符号学派的学者在民族符号学领域取得了重要的研究成果，尽管他们可能从未使用过这一术语。这里我引用斯蒂芬诺夫的定义："民族符号学研究的主要内容在于人类文化隐而不显的层面。"（Stepanov，1971：449）他的首个例子来自日常行为领域，并且，他用以下术语来表示不同的符号学分支：民族符号学、生物符号学和叙述符号学。从更广泛的意义上来说，民族符号学不仅要处理文化的"隐而不显的维度"，还要处理各种文化符码（语言或符号系统）的描述，以及其工作机制的描述和分析。

这个学科关注的是民族志学者和民俗学家传统上所研究的文化现象，把这些现象作为意义过程来讨论，因此，将其命名为民族符号学，是非常恰当的。民族符号学具有跨学科性质，因为它的兴趣领域一部分属于民族志研究，另一部分属于符号理论。（Hoppál，1977a）

尽管"民族符号学"一词诞生于欧洲而非美国，但除了托马斯·西比奥克（Thomas Sebeok）以外，美国学者往往忽略或遗漏欧洲学者在早期为定义民族符号学所付出的努力。（MacCannell，1982：70，168，脚注8）

欧洲的民族符号学研究者们一致认为，从符号学的意义上来说，任何文化现象都可以用符码和/或"语言"作为符号系统来描述，其要旨在于，将文化视为具有多重性和同时性的符号系统，或者是包含信息的符码系统。多重符码性，即同时使用多个符码传递文化信息。例如，民歌使用语言和音调，甚至可能伴随着手势。这种多重符码性是民族符号学研究的基本成果之一，它保证了信息传递的可靠性，同时也使对复杂文化现象的分析变得更加困难。这就意味着，当文化现象同时使用两种以上的符码时，多重符码性能够被观察到，并且这些符码应当彼此分离（Hoppál，1979）。将文化事件视为一种"多渠道互动"（Garvin，1977：105），源自符号学理论对语言学隐喻的运用。例如，作为复杂的社会文化现象的不同文本，可以被理解为不同文化符码的产物，而民族符号学必须讨论创造这些文本的机制。这些文本及其符码之社会再生产的无限过程，使得欧洲的（民族）符号学家得出了这样的结论：符码和编码的概念可能比符号本身更重要。编码是日常生活的生产，甚至是社会和文化现实再生产的同义词。马克思主义符号学提出，我们应当用唯物主义的符号学来研究日常生活中的社会再生产和符号过程（Rossi - Landi，1978；1979）。把符号的生产/再生产作为一种特殊的社会活动来理解，对于文化研究的学者来说具有特别的吸引力；这就意味着，根据东欧的人文学科分类，对文化之符号学机制的研究属于民族学和民俗学的研究领域。鉴于当地农民团体使用"社群符号"建立了有机的、结构良好的符号体系，这种看法是可以理解的（Bogatyrev，1971：97）。

在匈牙利符号学者中，有一群人具有人类学的研究背景；这可以追溯至1968/1969学年，维尔莫斯·沃伊特在匈牙利罗兰大学（Eötvös Loránd

Univesity）的哲学系组织了专门的符号学讲座，其中自然讨论了民族学问题。参加者包括语言学研究者、文学专业的学生和来自其他院系的人，但既然课程是在民俗学系的框架内组织起来的，那么其主要定位在民族符号学。通过合作，他们完成了民族符号学、文化符号学的研究准备，一些主要成果已经译为匈牙利语。目前，这项工作仍在进行中。尤其应该指出的是，匈牙利罗兰大学是第一个在欧洲定期举办民族符号学讲座的学校。今天，欧洲几十所大学开设了符号学课程，但其中只有少数可以被认为是民族符号学课程（Grafik – Hoppál – Voigt，1976：392）。20 世纪 70 年代初，欧洲的民俗学和民族学研究普遍使用符号学术语和方法（Golopentia – Eretescu，1973；Mesnil，1974），匈牙利和罗马尼亚学者尤为如此（Pop – Ruxandoiu，1978；Marcus，1978），其他东欧国家也与其类似（Benes，1975；Voigt，1979）。由于匈牙利民族符号学研究的历史和成果鲜为人知，也很难获取相关信息（由于语言问题，外国专家较难获得有效信息），因此，本章将参考一些以英文出版的研究，它们讨论了匈牙利民俗文化中，从谚语到与财产有关的符号和象征的不同方面（Szemerkényi，1974；Gráfik，1975；Gunda，1973；Hoppál，1978；Voigt，1986）。一些综合性的作品除了进行细节上的分析，还列举了文化和社会中使用符号的不同活动，这些研究亦可被称为文化符号学研究（Voigt – Szépe – Szerdahelyi eds.，1975；Józsa ed.，1979；Orosz，1981）。

从这些由人文学科和社会科学不同领域的学者撰写的论文中，我们可以清楚地看到，不可能将民族符号学与文化符号学的研究相分离。这一点在本章的下一部分也将得以呈现。

二 苏联的文化符号学

众所周知，苏联的符号学研究源于俄国的形式主义和其他文学传统（如 O. Bakhtin，R. Jakobson，O. Freidenberg 等。有关苏联符号学的历史见 Ivanov，1976）。俄罗斯的学者们有意识地把这一领域称为"文化的符号学"（*semiotics of culture*）或"文化符号学"（cultural semiotics）研究（Eimermacher ed.，1978）。他们从来没有使用过"民族符号学"一词，因为他们喜欢研究复杂的文化现象、整个文化或时代。他们用描述的方法分析一种高度发达的符号系统，然后将其与更简单的系统进行比较（本观点来自笔者1986年12月在莫斯科与伊万诺夫的聊天）。他们的学术兴趣包括：俄罗斯的象征（Uspenskij，1976）、狂欢行为（Ivanov - Eco et al.，1984）、古代书写体系（Knorozov ed.，1986）和城镇符号学（Leningrad, as text—*Trudy po znakovym sisteman* 18）。塔尔图大学1964年以来的相关出版物分析了几乎所有的文化领域。在此无法一一列举《符号系统研究》（*Trudy*）各期的所有主题及详细分析，这些研究成果有一部分是用英文写成的（Maranda ed.，1974；Baran ed.，1976；Matejka ed.，1977；Lucid ed.，1977；Shukman，1977；Lotman—Uspenskij，1984）。

为了理解苏联的文化符号学概念，我们应当对其理论的基本内容加以概述。

文化本身是高层次的符码，因为它是在特定的历史和社会背景下表征文化社群的信息（文本）的总和。在此之前，我引用了莫斯科 - 塔尔图符号学派的创始人之一洛特曼（Yuri M. Lotman）的论述来进行解释，他认为文化是一种用于存储信息的文化语言的等级结构。总体而言，它是社群的记忆；更具体地说，它是无限的集体记忆，由此也是社会行为的程式。因此，文化不是通过生物遗传，而是通过传统、各种符号体系，主要是通过在语言内建立的各种行为类型，由社会成员经由社会化来习得的。持续而稳定的文化类型可以被认为是一种民族文化。这是在既定群体的历史中所发展起来的文化经验组织。它虽然根据各个领域的任务来进行调适，但同时也可能表现出高度的不变性，并且可能在极长的时间内保持其特征（Lotman，1970：45 - 48）。

我们将更详细地讨论文化符号学，由此，我们可以得出普遍符号学理论和特殊的民族符号学的一些结论。这里需要指出的是，文化符号学方法是综合的理论，文化作为一种记忆或信息存储机制的概念，是可以被调整的。"文化是人类和社会的智力生活各种现象的层次结构体系，用来存储、积累和交换信息。"（Uspenskij et al.，1975：57）

然而，应该记住的是，在苏联符号学家的理论中，文化实际上是一种集体记忆形式（Lotman，1977，"文化作为组织具有共同记忆的集体人格的一种机制"，引自 Oguibenine，1981：89）。当然，洛特曼并不是唯一持这种观点的学者。莫斯科符号学的领军人物伊万诺夫于 1978 年出版了一本关于大脑不对称性以及文化系统中的信息储存之符号学的杰作，对此持相同见解（Ivanov，1986）。由于许多苏联符号学家都是语言学家，因此，人们发现，不少语言学模式都是帮助理解文化现象的方法论工具。

有意思的是，对于苏联文化符号学的理论地位，近来已经有了一些批评性的评论。这些批评的奠基者之一就是奥吉贝宁（Oguibenine），其标志性的贡献就在于对莫斯科 - 塔尔图学派文化符号学中一些最有争议的问题进行批判。他主要批判了洛特曼对语言学术语的隐喻性使用（Oguibenine，1981：85 - 86）。此外，他还批评了将语言和文化视为同一的倾向，特别是洛特曼的理论中，将对文化起到重要作用的文学文本视为典型的"次级模塑符号系统"的观点。文学是文化中的一种交流，实际上，它是文化的交流，也是"文化中变革机制"的交流——正如洛特曼在《符号系统的动态模式》一文中所指出的那样（Lotman，1978：18 - 33）。但是，对此观点，也能听到批评的声音，这些批评者认为，迄今为止，主要的文本研究方法可能事与愿违，并"将不得不放弃视文本的结构分析为文化产物的观点……这就会使文本处理中产生不信任。如果文化是一个系统，它将会比预想更为复杂。符号学家承认的内文本符码，并不是文本的使用者和文化功能系统的塑造者用于真正操控意义的唯一符码"（Rosner，1984：359）。

尽管有这样的批评，尽管怀疑越来越多（对此，莫斯科 - 塔尔图符号学派却没有什么要说的），还是有很多新的出版物涌现出来。这些出版物遵循了在其标题中不使用"符号学"一词的传统，但其内容仍然是符号学研究。例如，在塔尔图出版的《符号系统研究》（Trudy）期刊多达 20 多卷，其中有意思的文章无法一一列举，不过该学派的著名成员

（T. V. Civyan， T. Nikolayeva， A. Gurevich， E. M. Meletinsky， V. N. Toporov，
V. V. Ivanov， N. L. Tolstoy 夫妇）都定期在按主题编排的《符号系统研究》
这一刊物上发表论文，其主题涉及俄国文化、神话、音乐符号学、文本理
论、大脑的不对称性，以及作为文化文本的圣彼得堡。

最后，对于一些美国学者来说，文化符号学理论似乎是理解民族性、
现代性和民族文化文本叙述的起点（"文化文本是现实或世界形象的抽象
模型"，Winner‐Winner，1976：137；Winner‐Portis，1979，1984）。

通过莫斯科‐塔尔图学派成员阐述的社会模型塑造过程，文化符号学
理论得到了运用，这个方向可能会在未来得到进一步发展。显而易见的
是，除了其他批评，苏联的文化符号学派对当前的学术推论（Broms‐
Gahmberg，1983）和文化理论都产生了重要影响。

三　美国的符号人类学

过去 10 年间，美国也出现了符号学研究的热潮，在人类学和民俗学研
究领域皆是如此。1962 年，第一次符号学会议召开，人类学家玛格丽特·
米德（Margaret Mead）成功地创造了这一学科的名称，在其后几年中，我
们的美国人类学家同人忙于研究民族志、民族科学、认知人类学和结构主
义的新理论。这就使得自 20 世纪 70 年代后半期起，在一些评论文章中出
现了符号学面向的人类学研究（Umiker‐Sebeok，1977；Winner‐Winner，
1976）。

在美国人类学协会 1977 年的年会上，召开了名为"文化符号学：世
界人类学新的综合"的研讨会，会议论文结集发表在期刊《符号学》
（Semiotica）的专号上，由特约编辑艾琳·维纳‐波蒂斯（Irene Winner‐
Portis）和吉恩·尤迈克‐西比奥克（Jean Umiker‐Sebeok）负责。其中，
马康纳（Dean MacCannell）发表了关于民族符号学的文章，此文后来辑录
进《符号的时代：现代文化的符号学解释》（MacCannell‐Flower MacCan-
nell，1982）一书。对这几位符号学家和其他美国学者来说，民族符号学

首先是一种研究方法，"它研究文化的生产，把文化生产视为由社会差异驱动的阐释，并从人类学对偏远地区群体的研究中获得洞见，将其应用于我们的社会生活……"（MacCannell，1979：151）。他试图理解"源于社会结构分化"的社会意义，"即，意义是以共识的反面，也就是以差异为基础的"（1982：66）。因此，在他看来，"民族符号学是对意义之生产方式的研究"（1982：9）。寻找意义，换言之，更好地理解文化差异，是符号人类学或民族符号学的真正任务。这些术语被人们深思熟虑地用作主题的替换性词语。（1982：71）

埃里克·施维默（Erik Schwimmer）在《符号学》专号上（Schwimmer，1979）发表了关于宴会和旅游的民族符号学比较研究文章，在该文中，他为意义提出了不同的定义：符形上的、符义上的和符用上的。在此几年之前，施维默曾经在西比奥克主编的书中发表了一篇关于方法论的文章《符号学与文化》（Schwimmer，1977），试图分析不同文化中的"意义的社会生产"。有意思的是，大多数从事符号人类学研究的美国学者似乎是马克思主义的追随者——这与苏联符号学家的情形完全相反。他们之间还有另一个重要的区别：美国学者的研究比苏联学者的研究更具体，苏联学者对文化有更全面和整体的看法。

由于苏联学者对他们的过去和历史更感兴趣，而美国学者对他们的现在和未来更感兴趣，因此，这些差异在我看来非常重要。符号人类学能够处理我们日常生活中最常见的活动，美国的符号学研究即是如此（MacCannell，1976；Stafford，1977；Fischer，1977；Daniel，1984）。和苏联类似，美国的符号人类学出版物研究的主题相当多元，涵盖了同性恋符号学、旅游符号学、老年符号学等方面（Herzfeld - Lenhart eds.，1982；Deely - Lenhart eds.，1983；Bouissac et al. eds.，1986）。米尔顿·辛格（Milton Singer）在他的最后一本书中写道："符号人类学是符用性的人类学。它包含了符号系统如何与其意义相关联的理论。"（Singer，1984：50）该书的副标题"符号人类学的探索"点明了其所要研究的人类学思想的发展阶段，其目的是理解社会、个人和文化认同（Singer，1978）。

正如研究所示，大多数以符号学为导向的人类学家都对文化意义的问题感兴趣，正如詹姆斯·布恩（James Boon）所言："符号学是研究意义的科学。"（Boon，1982：115）他对符号人类学的早期历史进行了回顾，内容涵盖了早期的结构主义者、现象学哲学家以及阐释学的学者。

四　民族阐释学

在后结构主义或后现代时期，出现了阐释学取代结构主义的倾向（Dreyfus - Rabinow，1983）。在符号人类学中，理解是首要的；然而，显而易见，如果没有完善的理论，没有良好的哲学基础，就不可能理解文化现象。但是，理解意味着什么？在人类学中理解又意味着什么？

在严肃的人类学和民族符号学研究中，意义和理解被视为核心问题。因为我们处于理解的过程中，人类学和纯粹的符号学都不足以解决以上问题。换言之，"我们所有的符号系统都是由世界生产的，而这个世界又只能通过这些符号系统才能看到……符号系统生产这个世界，同时又被这个世界生产着"（Baer，1984：3）。人的主体是一个自反系统，因此，所有的现实都是主观地构建的（Baer，1984：2）。

符号或符号系统的生产是符码生产，通过符码生产，社会存在得以形成，我们得以认识世界。我们生产象征和意义；而且，符号系统以其"包含着作为形式规约之结果的、以信息为基础的意义之社会化符码"（Guiraud，1971：43），也生产着我们。人存于世，就意味着存在于符号系统的世界，即，人一直使用着某些符号系统（例如母语）——这可以被称为符号决定论。

民族符号学的阐释学模式，旨在理解既定文化所包含的传统的意义。这就是为什么文化符号学特别强调符码和编码，将其视为最重要的要素。对传统阐释性的强调，与人类学对其他文化进行理解的努力非常相似（参见 Boon，1982）。在阐释学中，不论理解的对象是文本、艺术作品还是人类的行为，理解都被视为"整体"与其各个部分之间的对话关系，这被称为"阐释循环"（Watson – Franke，Watson，1975：248）。在这种语境中，文化是整体，由不同的文化符码构成（民族阐释学方面的更多内容参见Geetz，1992：30 – 31）。

在现代阐释学中，理解并不意味着简单的重构，而是深度的主体参与。这种此在（being – in），常常是人类学的田野技巧，它可以在特定的"现场事件"中为"阐释性的理解"赋予巨大力量（Ormiston，1980：143）。经典的符号理论总是忽略主体性的因素。在自反性的现代人类学中，参与者和研究者的观察都是必要的。如是说："新的准则是，民族符号学对非政治的领域能做出政治分析。"（MacCannell – Flower MacCannell，1982：83）这是在长时间的符义学（即阐释学）讨论之后的符用学立场。但是，只有把出色的民族符号学描述和对意义的深刻阐释学理解结合起来，民族符号学才能够真正为我们提供文化符号系统的新知识。

民族符号学方法的理论非常复杂，在此无法尽述。但我深信，民族符号学的研究意识，能为我们更好地以更复杂和深刻的方式、以真正的阐释学模式理解自己和他者的文化，提供保证。

第二章

岩石"艺术"研究的符号学方法

如果说对于萨满教的起源并无定论，那么对于所谓巫师或萨满的典型特质，人们更是各执己见。接下来，本书将根据俄罗斯学者的研究，提出一个初步的、暂定的类型学。这里必须指出，我们的文献综述是不完整的，因为我们不可能获得不同地区的博物馆、研究机构和大学的全部出版物。

在这里，我不会考虑西伯利亚岩石艺术中难以尽举的动物形象，而仅仅列举那些人格化的或人形的图像。似乎很明显，只有人物形象，只有那些具有一个或更多鲜明特征的人物形象才被考虑在内。合理的假设是，早期和后来的萨满都有一些鲜明的特征，因为他们并不是普通的社群成员。那么，我们应当去寻找什么样的特征呢？

这些人格化的形象具有特殊的标志，俄罗斯考古学家将其解读为表示萨满巫师的特有符号。在这些符号中，整个身体的形象是首要的，如图2-1和图2-2中站立或移动（跳舞）姿势的人的形象。这些人格化的形象要么有动物的头像，要么有像人头部的图像，这些头像有时会有角。另一组带有动物头像的图片可以分为两组：长着鸟头的动物和长着熊头的动物。在西伯利亚靠近汤姆河的地区，人们可以在岩石上找到鸟头动物的图示（时间可追溯至公元前2世纪与前1世纪之交）。奥克拉德尼科夫（Oklad-nikov）和马丁诺夫（Martinov）（1972：188）将其辨认为萨满巫师的图像。

图 2 - 1　鸟头人格化形象

图 2 - 2　人格化的形象

他们认为，西伯利亚以鸟萨满最为著名，直到 20 世纪，鸟萨满都还存在。最近的一个例子是卡哈西亚地区 19 世纪的一幅岩画，它描绘了一种鸟的头部（Kyzlasov – Leontiev 1980，表 48），也可能是一个萨满的头部（图 2 – 3）。图像的手也有区别性的特征，例如：鸟爪或人手，有时候拿着一个物体，如圆形的器具（鼓或弓箭，图 2 – 4、图 2 – 5）或棍状工具。

 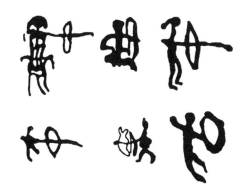

图 2 – 3　萨满的形象：鹰头人身　　　　图 2 – 4　手持器具的人像

图 2 – 5　与猎鹰共舞的图像

在岩雕人物的细节上，其风格也显示出不同的鲜明特征。例如，我们能清楚地区分出，与像用 X 射线照射出来的人体骨架式示意图相对，这些雕刻图像是"现实主义"的，其男女形象是可辨别的。男性形象常被描刻有勃起的阴茎（图 2 - 6）。拜卡勒地区的岩画中也有显示阴茎的人物形象（Okladnikov - Zaporozhskaya，1970：76）。俄罗斯研究人员试图用生育崇拜或蛇和公牛的崇拜解释这些人物形象。

另一组鲜明的特征可能来自对行为人物和背景的描述。这里说的背景，是既定的岩石之连续表面上直接相邻图像的集合，这些图像中既有人的形象也有动物的形象，而这些形象，尤其是动物形象，似乎是西伯利亚不同文化地区的特征，它们清楚地显示出不同岩雕的可能基础，即它们的世界观，所具有的明显差异（Okladnikov - Martinov，1972）。

借助上面列举的这些显著特征，我们可以对每幅岩画的每个图形进行详尽无遗的描述，也可以对西伯利亚岩石艺术中人格化的图像进行初步的类型学分析。俄罗斯学者认为，西伯利亚的岩石艺术有以下几种主要的萨满图像：

（1）鸟头（鸟形舞者）（图 2 - 1）

（2）有阴茎的人像（图 2 - 2）

（3）有角的人格化图像（图 2 - 1 和图 2 - 8）

（4）有角的面具（图 2 - 7、2 - 8、2 - 13、2 - 17、2 - 20、2 - 21）

（5）带鼓的萨满（图 2 - 18、2 - 19）

我们已经讨论了前两组图像。仍有其他资料表明，在西伯利亚全境，岩雕中有长角的人格化形象，是用鹿角意指萨满，因为在降神会仪式上鹿萨满正是头戴角状装饰（Leontiev，1978：111）。如果人格化形象的头上有太多小角或"辐射状的光"（图 2 - 10、2 - 13、2 - 14），那么它们可能与萨满头饰的羽毛（Diószegi，1968：310）和西伯利亚萨满鼓有关（Hoppál，1983：28，见图 XXXI、XXXII，Hoppál，2002：44 - 47）。

有些岩画只描绘了代表整个人物的面具。我们假设，面具是萨满通灵时获得祖先帮助的象征（Leontiev，1978：109）。带角的面具在西伯利亚有着悠久的历史。

1961 年，俄罗斯考古学家 V. I. 马图先科（V. I. Matyuschenko）公布了萨穆西四代时期（公元前 2500 年～前 200 年）的黏土器皿碎片，在这些碎片上发现了有类似触角的头饰或头冠的人格化图像。可以把这些有角的头像和穆古尔－萨里郭勒（Mugur－Sargol）的石刻对比，后者可以追溯到公元前 20 世纪上半叶的青铜时代（Matyuschenko，1961：168－269）。这些古代庇护所的石刻是在叶尼塞河（图瓦自治共和国）的萨彦峡谷南部的穆古尔－萨里郭勒遗址发现的。遗址有 200 多张人类面具图像和其他图像。M. 德维莱特（M. Devlet）认为，这些面具代表了祖先神灵，但面具独具特征，可以将角状头饰与有角的萨满头冠相比较。穆古尔－萨里郭勒石刻可追溯至西伯利亚青铜时代，其画像与启蒙仪式有关（见图 2－20、2－22）。岩石上的面具图案可以被理解为氏族祖先的形象（Devlet，1980）。岩画描绘了祖先、英雄、社群中重要或权势人物，或萨满——这是俄罗斯学者提供的相关性和论证路径。石刻还清楚地表现了萨满带着他们的萨满鼓，这一点并不让人惊讶。

哈卡人是一小支古老的操突厥语的族群，居住在阿巴坎和丘利姆河的河谷、叶尼塞河的左岸和南西伯利亚的阿尔泰山和萨彦山。19～20 世纪，牧民们在圣石上刻了一些小型的岩画，并在那里举行了对圣山和生育的敬拜。为了纪念人们出席这一仪式，参加者们在圣石上留下了符号。

另一组图案展示了带鼓的萨满，以及以人或动物形象出现的、为萨满通灵时提供帮助的神灵。以一个非常有意思的图像为例：一个长着鹰头的人体（见图 2－3）。鹰被认为是萨满的祖先和保护者，萨满的头部以鹰头装饰，鹰的翅膀附在萨满服饰的袖子上。其他带鼓的萨满形象写实性很强（见图 2－20、2－22），因此这些图像很可能与早期岩刻具有相似的特征。

其中，一组岩画群无疑画的是萨满，并且绘画时间相对晚近（绘于两个世纪之前）。其他西伯利亚岩画群（将它们解释为图像或者早期萨满教文献的证据）给我们提出了一个关于破译岩画过程中所采用的方法论的严肃问题。

图 2-6　萨满和他们的祖先辅助神

图 2-7　人格化的形象

图 2-8　戴角形头饰的人像　　　　图 2-9　太阳崇拜（？）

图 2 - 10　太阳头饰的形象

图 2 - 11　戴着熊头面具的人格化形象

图 2 - 12　人像

图 2 - 13　具有太阳象征的面具

图 2 - 14　太阳头饰的面具

在这里，我们打算至少讨论以下三个问题：人们根据什么认为这些人格化图像是萨满？它们与萨满教信仰系统有什么联系？为什么西伯利亚岩画被称作艺术——或者说，它是真正的艺术吗？

为了理解岩画的意义，更是为了将西伯利亚的岩画艺术认定为萨满文化的一部分，研究人员寻求了民族学家和民俗学者的帮助。学者们经常引用神话和仪式的相似之处，来揭示石刻场景的隐藏意义。奥克拉德尼科夫至少在俄罗斯是岩画艺术研究领域的领军人物，他深信，早期人类的思维方式与我们的思维方式没有太大的差别（Okladnikov et al.，1979：3）。因此，最近搜集的民俗学文本有助于我们对西伯利亚青铜时代人们的世界观和宗教习俗的理解。

一般来说，俄罗斯学者一直谨慎地使用"民族志类比"。例如，他们将在伊尔库茨克北部奥卡河附近的岩石上发现的骷髅般的舞蹈人像称为萨满（见图2-7），因为人们可以在一些西伯利亚萨满的服装上发现骷髅般的装饰（Okladnikov，1974：81-82）。我们同意勒鲁伊和古朗对比较民族志方法的尖锐批评：它不能帮助人们理解早期的澳大利亚人或任何其他的神话和仪式——它们在任何意义上都是不一样的（Leroi-Gourhan，1964；149，参见Layton，1987）。

不知何故，即使在最好的研究中，似乎也有一个不可避免的错误，即用民俗上的类同性来重建史前宗教和早期人类的魔法仪式世界观。或许西伯利亚具有某种族群连续性，但即使如此，研究者也应当谨慎，因为不是岩石上的所有符号都与萨满教或宗教思想有关。

正如德维莱特所说的那样：

阿尔迪-莫扎加悬崖上的原型萨满的人像，在西伯利亚青铜时代的岩画中并没有类同物。在现代民族志研究时期，人们在西伯利亚悬崖艺术中发现了相当多的萨满图像。通常它们被用细线和涂鸦的方式刻画出来，就像这一时期悬崖岩画上的主要部分那样。在清流河左岸的乌斯都-莫扎加岩画中，人们发现了一个举行降神仪式的萨满祭司的图像，上面刻着一面萨满鼓。这样的画像在哈卡斯和阿尔泰的石头和崖壁的岩画中格外有名。这对研究萨满图像的演变具有重要意义（Devlet，2001：9）。

在解读岩画艺术的过程中，出现了一个普遍而严重的错误：

> 一个理论层面所隐藏着的、难以发现的错误，即，把宗教史研究的类比与对某个社会的成员口头或书面报告的考查相混淆（Nordbladh，1978a：202）。

但是，通常情况下，俄罗斯学者所采用的民族志报告就是如此。不过，犯错的不只是俄罗斯学者。在学者中，有人坚信一种"民俗科学"，这种批评方法认为："青铜时代的岩画揭示了非凡的意象，一种运用充满意义的符号语言的风格化艺术，这种语言如果能得到正确的解释，就将成为有关当时宗教生活的宝贵信息。"（Glob，1969：386）

在岩石艺术的意象中，只有宗教意象具有自反性，这绝非一个确定的观点。较之模糊的宗教概念，应该提出一个更自然的新概念："信仰体系"（belief system）（Hoppál，1975，1992）。

信仰体系似乎是既定的文化意识形态领域一个有用的术语，它与"世界观"的意义有点儿相似。文化具有众多子系统（经济、社会结构、意识形态等），借助再生产过程，文化得以自我维系。信仰体系负责在社群或社会中进行神话－宗教思想的再生产。它是组织仪式、节日、"生殖崇拜"、"狩猎巫术"等的引导性力量，也可能是雕刻岩画的引导性力量。可以说，在现代对岩画艺术进行的注重过程的分析中，要考虑的不仅是作为符号的岩石上的形象，也不仅是作为架构的"宗教"活动，还有符号生产、整个文化。

一般来说，从方法论的角度来研究岩画是很普通的，因为"对古老科学传统的依赖性是非常强的，这种传统将经济、艺术和宗教等概念视为静态的参考，并不试图达到精确或融合。其研究结果仅仅是详尽的描述和未经检验的假设"（Nordbladh – Rosvall，1974：49 – 50）。此处，我们引用了两位斯堪的纳维亚考古学家的观点。

直到最近岩石艺术研究才有了更具建设性的观点，不再只用研究图像的方法来研究石刻，而是将这些石刻视为该处（很可能是某处圣所）进行的某种复杂社会活动的遗迹（Siikala，1984）。贾尔·诺德布拉德（Jarl Nord-bladh）说："岩画作为社会现象，可以被视为史前社会语境下的传播或信息的一部分。"（Nordbladh – Rosvall，1974：64）从这一观点出发，更晚近的、更有活力的方法不是将"风格"视为社会/民族边界的标志，而是视为边界维护过程中的一个组成部分，这一方法可能非常有启发性（Con-key，1980：229）。符号和象征以及信仰的再生产，有助于保持民族文化的界限，换言之，它们有助于维护并加强社群内的民族认同和联系。研究者的兴趣不仅集中在"个体"的风格模式上，还集中在作为传播过程的模式生产上，这种传播过程必须被重建，其间视觉的信息输送体系将得以理解。

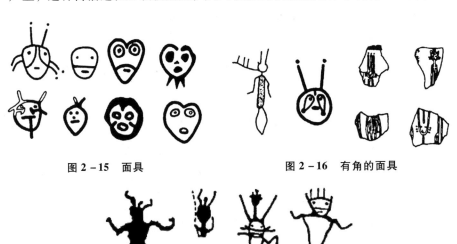

图 2 - 15　面具　　　　　　　　　　图 2 - 16　有角的面具

图 2 - 17　有角的人格化形象

图 2 - 18 萨满和他的辅助神

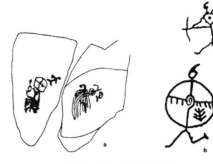

图 2 - 19 带鼓的萨满

对于早期人像的制作活动，20 多年前，惠特尼·戴维斯（Whitney Davis）发表过一篇精彩的论文。他指出：

> 自发的人像制作，是连贯地处于人类进化的整体轨道中可预测的适应。人像的制作是独特的、具体的文化成就，在逻辑上源自于简单的、古老的知觉和认知过程。对其起源的描述，并不需要关于认知演进或艺术感知的心理学、人类学或美学的推论性或超验性假设。（Davis，1986：193）

他提出了与人物形象形成紧密相关的"象征技术"的类型学（详见 Lewis - Wil-

图 2 - 20 面具和人像

liams，2004：181 - 203），其中的第一个阶段是标记（见图 2 - 21）。

多年以前，人们试图在民族志研究领域，尤其是在对民间艺术的分析中引入符号学方法（Hoppál，1975，1979）。1975 年，北欧学者的斯堪的纳维亚岩画研究也如此。1978 年，贾尔·诺德布拉德在莱斯特（Leicester）发表了一篇更详细的论文，我们引用如下。

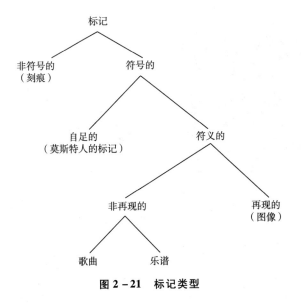

图 2-21　标记类型

　　史前图像——不一定被称为艺术——作为符号系统的一部分，可以从符号学的角度来分析，也可以从社会传播的角度来进行更广泛的讨论。传播总是依赖于文化，而且很大程度上取决于符号和/或符号出现的实际语境。一个孤立的图像可能意味着任何事物，但关于岩石艺术并非如此。尽管如此，自然环境，以及严格意义上的岩石图像之间的关系，都可以被视为语境。（Nordbladh，1978b：66）。

　　在苏联，有一些考古学家和语言学家对民族符号学研究颇感兴趣，希望将其方法论引入对岩石艺术的分析。1980年谢尔出版了一本书，其中，他不仅讨论了方法论的问题，还论及符义问题（Sher，1980：第8章）。托普罗夫也对旧石器时代某些诗歌符号起源的符号学分析感兴趣（Toporov，1976）。

　　民族符号学描述的是民族文化社群所使用的符号系统的生产和对其的理解。根据符号学的经典概念，对于不同的符号系统，有如下三种层次的（民族）符号学的描述或分析。

图 2 - 22　带角面具

（1）岩画的符形研究，处理的是邻近的岩石上的符号与符号群之间的关系。其假定前提是，对于一个单独的图像框架中符号之间的可能联系，存在着支配性的法则。

（2）岩画的符义研究，通常涉及符号与描绘（或雕刻）在岩石上的事物之间的关系。换句话说，不同的符号和象征有其意义，都想要传递不同的信息。但是，主要的问题仍然没有解决：绝大多数的岩画从未被用于对"岩石艺术"的内容及其与现实之关系的理解。

例如：在法国东南部的蒙特贝戈发现了大约 3.8 万块岩石上的约 10 万张图像，其中只有几百张被公布（Nordbladh - Rosvall，1974：10 - 26）。苏联公布了 2 万多幅岩画，但真正被发现的还有很多。

只有一小部分公开的数据为岩石艺术研究者所知，比较神话学或萨满教的专家对此所知更少。这意味着，大多数基于岩石艺术材料的理论都是根据不足的，因为专家们都知道，岩画中只有部分碎片可以被认为具有（或传达）"象征意义"（见图 2 - 23）。

学者们已经做出了相当的努力，通过对图案进行详细的符义分析来理

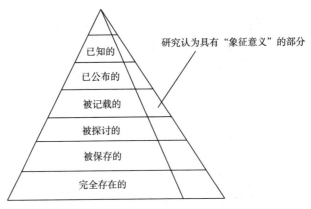

图 2 - 23　人们对岩画的认知

解岩石艺术的蕴含意义。例如，安娜 - 莉娜·西卡拉（Anna - Lena Siika-la）就指出，以狩猎文化和与之相关的萨满教信仰传统中典型的动物仪式为基础，我们能够对芬兰的岩画做出解释（Siikala，1984）。她的方法与我们上面提出的方法类似，并且，她也想了解符号的使用者，因此，她的解释从所讨论的文化之整体类型出发。这些类型的研究被用符号学的方式归为符用学分析。

（3）岩画的符用研究，通常涉及的是符号的使用者与图像之间的关系，这些符号和象征是如何使用的，由谁使用，使用者之间的关系如何，等等。可以说，所有与岩画的所谓"宗教"用途相关的问题，都属于这一领域的（民族）符号学之符用层面的分析。

岩石"艺术"的符号和象征，可以被看作只是早期人类所使用的传播系统之一。作为一种特殊的符号系统，它具有召集人员、创造社群、营造在岩石旁举行的仪式中的共同氛围之功能（Nordbladh，1978b：75）。贾尔·诺德布拉德在方法论上论及岩石艺术、宗教和社会之关系时指出，岩画通常作为一个多少有些孤立的现象，在当时被假设的社会中没有确定的地位（Nordbladh，1978a：195）。在他的极有条理的批评文章中，我们可以看到有关解释岩石艺术（如果它归根到底是"艺术"的话）的方法论上和理论上之难题的重要思想。人们也可能认同埃吉尔·巴卡（Egil Bakka）对北极岩画之符用价值的温和观点。我们引用如下：

各种抽象的图案和图像、人物形象和
性象征表明，岩石艺术不应该完全基于狩
猎巫术来解释。动物世界的性、生育和繁
殖观，必定是艺术意义的一部分。我认为
它与岩石艺术是狩猎巫术的观点不仅不矛
盾，而且是对它的重要补充。它表明，岩
石艺术的意图是复杂的，而强化其复杂度
对石器时代或青铜器时代的猎人而言极其
重要，他们可以通过使用图像、图案和相
关仪式来实现这一点。（Bakka，1975：5）。

图 2 - 24 一代一代的鹿

以上符号分析的三个不同层次，是理解岩石符号系统的有效方法论工
具。就萨满教的起源而言，可以说，只有通过更细致的文体学和符义学分
析，我们才能摆脱近来的伪理论，走向更加详细和有根据的假设。符号学
的方法可以帮助人们理解祖先的符号生产活动的"进化"，并最终可以帮
助人们理解其符号运用认知过程的某个片段。

图 2 - 25 生育和日常生活的复杂故事

第三章

西伯利亚萨满观的宇宙象征

一　作为中介的萨满

西伯利亚萨满最重要的特征之一是，他们是人类世界和神灵世界之间的中介，而他们之所以如此，是为了某种明确的群体利益；要做到这一点，则必须改变意识的状态（Hultkrantz，1984：34）。萨满是宗教专家，因为在大多数欧亚民族中，都有少数人履行着不同的、特定的神圣职能，其中就有几种萨满，每种都拥有特殊的职能，保持着日常生活世界和超验世界的沟通，即微观世界和宏观世界之间的沟通。

这正好说明了，神话思维往往是尽可能用二元对立的形式去描述一切，如黑—白、上—下、男—女、左—右、冷—热、明—暗。针对日常生活的社会结构、宗族组织、家族与部落之间的相互关系，我们基于对立来定义这些术语；创造神话的叙述结构也具有二元对立的特征，这些都并非偶然（对此的详细阐述见 Zolotarev，1964；Veres，1975）。在现代科学思维产生之前，人们都是以这样的方式来描述世界的，直到现在有时也如此，这被符号学研究称为"神话诗学"模式（Hoppál，2001）。对此，伊万诺夫写道："世界神话诗学模式的一个最显著的特点是，通过两个极性相反的符号串——二元象征性的分类——来描绘世界。普遍的二元对立包括一天中的两半（昼与夜）和一年中的两个季节（冬与夏）的对立。"（Ivanov，1984：393）这位俄罗斯学者认为，那是分析古代文化的思维方式，它不仅定义了既定的内婚制群体的神话渊源，还定义了仍然渗透于物质文化的不同的礼仪习俗（如吃生肉和熟肉）。宗教意识，即萨满的世界观，也符合神话诗学认知模式的规则；我们可以在西伯利亚萨满教的世界中找到佳例。让我们来回顾一下萨满的祭祀仪式——萨满服饰（主要是萨满的神衣及神帽和/或头冠），以及一些重要的特性。

二 萨满服

仪式服装——整体和细节都是象征意义的载体。萨满在仪式的过程中充当微观与宏观的中介，这种中介作用也体现在他/她的服装的象征意义上。萨满有跨越不同世界的能力；服装的象征意义描绘了这种永久的中介性、过渡性和双重角色（Ripinsky – Naxon，1998：124 – 125）。

正如米尔恰·埃利亚德（Mircea Eliade）所言："服饰本身就是一个与周围的世俗空间有着本质区别的宗教微观世界。一方面，它构成了一个几乎完整的象征体系；另一方面，在仪式中它充满了各种神灵的力量，尤其是借助'神灵'……萨满超越世俗空间，将与神灵世界接触。"（Eliade，1974：147）

的确，这就是仪式起点——仪式的裸体（服饰的"零度"!）——的本质所在，它实际上是处于社会之外的状态属性。有资料证明，萨满只能赤身穿上神衣（如楚克其族的萨满，参见 Hoppál，1994：15）（见图 3 – 1）。

鉴于正是萨满的神衣与精神世界进行接触，因此在服饰的每个细节上回应这一目的变得格外重要——它应该确保不同世界之间的过渡。因此，著名的恩加纳萨萨满德米尼

图 3 – 1　赤身的楚克其族萨满

姆·科斯特金（Demnime Kosterkin，1913～1980）的萨满神衣，它的右侧染成红色，左侧则染成黑色。红色代表春天和白昼，黑色象征着冬天和黑夜（Gračova，1978：319，参见 Hoppál，1994：131，插图）。俄罗斯的圣彼得堡俄罗斯人类学与民族志博物馆有一件拉穆特（Lamut）萨满的斗篷（库存号 245－303），塞姆（T. Yu. Sem）曾经描述过它的象征性。他指出，每件拉穆特萨满服都由两部分组成，一部分颜色较浅，另一部分则较深（如白和黑、红和黑、白和红）。其所采用的材料表明，深色的左边代表女性化的一面，而较浅色的右边代表男性化的一面（Sem，1993：135）。一些研究者认为，这种基于色彩的男性和女性的二分法早在石器时代就已经出现了（Ivanov，1982），并且可以追溯到人类符号和象征创立之初的生理基础。

　　染色并非制造萨满双色服装的唯一方式；一个更简单的方法是用驯鹿皮的浅色（白色）和红色（深棕色）呈现，皮面朝外（见图 3－2）。

图 3－2　恩加纳萨萨满的服装有两种颜色

　　如图 3－2 所示，右边用男装常用的裁剪方式缝制而成，左边则采用女装的风格造型。尤卡吉尔（Yukagir）萨满的左侧有两个人格化图案——萨满祖先的暗影，右侧则是两只鸟的形象，它们是萨满的灵魂护卫或者辅助神。谢洛夫（S. Serov）的结论是，左边有暗影的一侧象征着祖先的世界，而右边较亮的一侧代表人类的世界（Serov，1988）。萨满服的背部被一棵三层的树的图案分成两部分，该树象征世界之树，它连接着人类世界（微观世界）和神灵世界（宏观世界）。现存证据显示，这件服装曾经属于一位名叫伊戈尔·沙马诺夫（Ygor Shamanov）的萨满。他说，他穿上这套服装就会变成了左侧描绘的萨满祖先，也会变成一只鸟（Serov，1988：248；Veres，1975）。

关于西伯利亚萨满变形的神话能力有许多传说，这也涉及他们的中性特征，即他们同时由男性部分和女性部分组成。他们站在两性之间的界线上（参见因纽特萨满教中的"第三性"，参见 Saladin d'Anglure，1992）；这就是为什么他们能够作为世界的中介。生活在阿穆河沿岸地区的纳奈萨满带头举行过熊宴，如何分享熊肉的各部分，是有不同的仪式符义功能的。在这里，熊的下半部分给予女性，上半部分给予男性；左侧给予女性，右侧给予男性（Sem，1993：135）。

列昂尼德·拉尔（Leonid Lar）写过一部关于涅涅茨萨满教神话的杰出专著，他本人即是涅涅茨人。他写道，涅涅茨萨满的服饰是宇宙的某种模型，因为其头饰象征上界，神衣象征中界，鞋代表下界（Lar，1998：30）。上、下两个要素是与中间的人类世界相对立的。他应当是从作为内部观察者的经历中做出的推断和总结。

总而言之，从西伯利亚萨满仪式服饰的象征意义上看，其表达的宇宙图景是与萨满民族信奉的世界观相一致的。简言之，萨满的仪式服饰象征着宇宙，其中间沿脊柱而下，可以解释为世界轴。正如 L. 帕夫林斯卡亚（L. Pavlinskaya）所说的，"萨满的仪式服饰象征着宇宙。制作服饰在某种程度上等同于创造一个宏观宇宙：切割鹿皮 = 分裂和摧毁世界；缝制各部分 = 创造一个宇宙整体"（Pavlinskaya，2001：41－48）。

我们经常可以看到，萨满服呈现两种颜色，或被染成两种颜色：白—黑（深棕色）、红—黑、浅色（鹿皮色）—红色。在神衣和胸牌上，也能找到这种二元对立的例子。一般来说，较浅的颜色会被放在右边——它被认为属于男性，是上界的象征；较深的颜色是女性的颜色，属于下界。尤卡吉尔萨满的神衣也由两部分组成，左侧饰有 7 个人形图案（萨满祖先的暗影）和 7 个十字形图案（护航灵魂的萨满鸟的象征）（Hoppál，2002a：63）。这种从色彩二分法中衍生出来的对立象征意义，在伊文（Even）、科亚克（Koryak）和其他地区萨满的徽章上也可以看到，这种对立有时是人类世界和神灵世界之分，有时是善恶之分，有时是光明与黑暗之分或男女之分。萨满作为雌雄同体的个体，身上带有对立的特征，并且有能力解决这些对立。

西伯利亚几个民族中的萨满有着中性性格——由男性和女性共构的人格；正是这种临界性使他们的能力变得非常强大。研究者认为，在旧石器时代的象形文字中，红/黑、右/左、男/女的二分法显然是可以追溯的，在为萨满文化的发展确定时期时，这些概念（和数据）是有用的。

三　萨满头饰

仪式服饰的另一个重要部分是萨满的帽子（见图3-3）。居住在叶尼塞河沿岸一带的涅涅茨人和凯特人与鄂温克人一样，他们都认为，帽子是萨满服饰中最重要的部分，因为萨满的力量就存在于帽子上。（拉姆特地区的）伊文萨满头饰是一个十字形的玫瑰花式，其中央有一个圆圈，上面立一根小杆（在圣彼得堡的俄罗斯人类学与民族志博物馆藏品中可以看到这样的头饰）。这种设计可能是为了保持与天空，即宇宙的接触。如果玫瑰花式是宇宙的象征，十字形象征着它的中心，那么萨满就站在世界的中心，从那里他/她可以开始仪式。在这种力量集中的位置上，萨满真正成为世界与宇宙的中介。头饰如此重要的另一个理由是，在某些民族（例如乌德可人和尼夫赫人）的信仰中，人的灵魂可以从头顶处飘离身体；所以萨满在出神状态下必须受到保护。帽子上伸出的小角象征着萨满与宇宙力量保持沟通。

萨满的帽子还有另外一个功能，就是保护萨满头冠下的头部不受铁片饰物的伤害（例如在鄂温克族当中）。在某些情况下，辅助神的象

图3-3　塞尔库普萨满的
头冠和头带

征附在帽子上；在北方（在萨摩耶人之中），这些突出物形如鹿角；而在南方（在阿尔泰的操突厥语者之中），它们大多由羽毛组成。

这里，必须简要地指出头饰的象征意义。在讨论萨满服饰的时候，我们已经提到，在阿尔泰的操突厥语者（如铁列乌特人、米努辛斯克的鞑靼人、哈卡斯人、卡拉加斯人）中，鸟类的象征非常重要。男女萨满都认为，鹰或天鹅是他/她的主要辅助神，他们也会通过展示被选中的鸟的羽毛来表示这一点——最壮观地体现在头饰上以及头带的羽饰上。图瓦萨满的头饰展示了野鸭、大雁、鹤、隼、秃鹰、猫头鹰等的羽毛（见图3-4）。鹰，作为萨满之鸟，几乎在整个西伯利亚众所周知。事实上，人们认为是一个像巨鹰的鸟使一个女人受孕，由此诞生了第一个萨满。这个主题广泛地出现在雅库特族和满族的故事中。鸟类象征的深层意义是，据萨满记载，在出神的状态中，他们有着强烈的飞行体验，而他们通过自己所认为的鸟的属性强化了这种体验。萨满象征性地成为具有他们认为的特点的动物，即，他们认为自己等同于帮助他们的动物。

图3-4　图瓦萨满有鹰羽的头饰　　　图3-5　图瓦女萨满带有猫头鹰羽毛的头饰

最后，鸟的象征还有另一个方面值得一提。鸟类凭借轻盈性和飞翔能力成为空气的主人，羽毛也就和光的象征意义相关。羽毛头饰像光环环绕着萨满的头部，就整个服饰的象征性而言，萨满通过头饰与上界进行着交流。

四 萨满头冠

头冠是萨满服饰中极其突出的一部分——无论是狭义还是广义上皆如此。当我有生以来第一次看到萨满的时候，让我最惊讶的物件之一就是他戴的头冠。那是在 20 世纪 70 年代中期，在位于莫斯科的苏联科学院民俗学研究所的电影档案馆。学者用电影的方式记录了北方恩加纳萨萨满入教仪式。制片人奥斯肯和辛姆琴科（Alexander Oskin 和 Yuri Simchenko）拍摄了恩甘姆图索（Ngamtuso）氏族最后一支萨满。他们当时负责在太梅尔半岛拍摄反映西伯利亚最后的萨满科斯特尔肯儿子们的纪录片。在仪式的某一特定时刻，当鼓声使气氛活跃之后，在启程前往另一个世界之前，萨满把头冠戴上。通过这一姿态，他在某种程度上强化了自己通往其他世界——上界或下界的象征性征途。

研究人员记录了恩加纳萨萨满使用的三种头冠（见图 3 - 6），戴哪种头冠取决于在降神会上他们通向哪个世界，以及要实现什么目的。它们分别是通往上界的旅程所用的头冠、通往下界的旅程所用的头冠，以及在婴儿出生仪式上使用的头冠。同样，萨满们有三个不同的鼓和三个不同的神衣。他们往往使用有鹰形和两个突出的角的头冠，用来与上界的神灵沟通。这些角象征着天空的雄鹿——一种具有强大力量的神秘生物，它能帮助萨满飞上天空。

据记载，在另一支萨摩耶的涅涅茨人中，萨满头冠的环形象征着天空，其拱顶状如苍穹，象征四个方位基点。头冠作为萨满服饰的最上部分，象征着作为宇宙一部分的上界，头冠使萨满与上界保持联系。20 世纪初在这两个民族中搜集到的带角的萨满头冠是萨满的标志，表明了他们与上界的神灵交流的能力。头冠的力量大小是由金属头冠上枝状物的数量表示的。头冠的前部有刃，这是萨满的武器，类似于刀或剑，在与敌人的战斗中使用。在西伯利亚的凯特人和塞尔库普人的萨满头冠上，刀状物尤为典型。

我们也可以在西伯利亚象形文字中看到这种头饰——或者更确切地说，

图 3 - 6　恩加纳萨萨满的头冠

图 3 - 7　有角的凯特萨满头冠

说，研究人员推断，在石墙上发现的人物形象，如果戴着角状头饰，则表示萨满。奥克拉德尼科夫（A. P. Okladnikov，1949）在勒拿河附近发现了这种类型的岩刻，其图像中有一个戴着头盔的萨满，头饰的角有几个尖；图中还有他的鼓和辅助神［该图被选作国际萨满教研究会（ISSR）的标志］。

根据最新的研究（Pavlinskaya，2001），从制造头冠所使用的金属锻造技术可以推断，西伯利亚萨满的带角头冠早在公元前几个世纪就出现了。

图 3 - 8　在雅库提亚地区发现的岩刻
有萨满和他们的辅助神

图 3 - 9　满族萨满召唤神灵

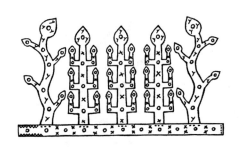

图 3-10　满族的萨满头冠

就象征性而言，以角装饰的头冠就像动物世界中雄鹿那高贵的角一样，是萨满之力量和气概的标识，也是萨满对敌战斗中的象征性武器。换句话说，萨满的鹿角头饰代表了一个鹿形的动物辅助神。一些研究人员认为从亚欧大陆古老的雄鹿崇拜，可以寻迹到"天空的雄鹿"崇拜（Martynov, 1991）。在象形文字中，在冶金技术出现后的其他考古材料中，都可以看到这一点。换句话说，萨满从天空中获得力量；有角的头冠是天空之物的象征。另一个可能的解释是，头冠上的小角象征着火焰——也就是说，它们像羽毛一样，也是光的象征。

满族萨满的头冠工艺最为精美，装饰也最为复杂。在头冠的枝上，缀有小鸟和许多很小的、动起来会沙沙作响的叶形金属饰物，让人联想起朝鲜新罗时代皇家墓葬中的金冠。以"世界之树"为特征的皇家墓葬中的金冠，与阿尔泰地区墓葬中作为萨满王标识的头冠类似。既然萨满是神界与人间的中介，那么头冠上自然会有"神树"象征的装饰。

五　萨满腰带和足饰

在西伯利亚的许多地区，在没有典型的萨满服的地方，"仪式的裸体"普遍存在，极地气候的北方地区尤为如此（北美的因纽特人也有类似的习俗）。裸体的仪式意义在于，萨满教化不能穿着普通的衣服进行，至少要系上腰带。

在生活在苔原地区的涅涅茨人中，年轻的萨满用腰带代替了鼓。腰带上的金属片上描绘了鸟类和其他动物的神灵，此外腰带上还饰有鸟爪、熊爪和牙齿、铃铛及刀。它们都是为了萨满在出神状态下，在到达另一个世界的危险旅程中，保护萨满。另外的相关资料显示，萨满的腰带可以帮助他们到达其他世界。就整个萨满服饰的象征意义而言，腰带是上界与下界的分界，将阳性的上界与阴性不洁的下界分开。

如果将西伯利亚萨满服饰的象征系统视为对宏观世界的映现，那么鞋饰就相当于其中的下界。即使是始于 20 世纪初的收藏——例如乌诺·哈瓦（Uno Harva）的凯特萨满的照片（见图 3-11），也清楚地表明，骨饰仍被用于鞋子的装饰（Harva，1938：513. Abb. 79）。阿努钦（V. I. Anuchin）记载说，萨满鞋上的骨饰代表了萨满在另一个世

图 3-11　凯特萨满的鞋饰

界的轮回。至于熊爪，其象征意义在于，人脚不足以克服前往其他世界之旅的艰辛，所以需要熊的掌骨。塞尔库普人认为，熊掌只是一个符号，表示萨满也能到下界。

恩加那萨和伊尼茨萨满靴子上的长铁杆，象征着神秘的雄鹿辅助神的腿骨。

在整个服饰语境中，右靴代表"阳光"的一面，而左靴代表邪灵的世界。涅涅茨萨满的鞋子是一个象征性的渠道，将人类世界的消极能量引向下界。

总之，人体被视为宇宙的微缩复制品，因此，萨满的服饰及其制造被视为宇宙创造或再创造的象征。萨满仪式服饰的上半部分，即头饰，相当于天空；下部躯干与大地相对应，而脚下则是与下界相对应的萨满靴。

六　萨满之树

树是西伯利亚萨满世界观的中心组织法则之一。在其世界模式中，它联结不同的世界和天体层。人们想象出一棵巨大的树——例如，按照蒙古

人的说法，它生长在直插苍穹的高山之巅。对萨满而言，这棵宇宙树是连接天空和地球的"道路"，是萨满在出神的过程中的必经之路。树的攀蔓状代表萨满向天空的上升。

在鄂温克人的信仰中，年轻萨满的启悟（initiation）和能力提升都是在树上发生。能力最强的萨满通过教导神"鹰"的养育在树的顶部获得能力提升；能力中等的萨满在树的中部获得能力提升；能力最弱的在树的枝杈上获得能力提升。

萨满对鸟之象征意义的重视旨在加强"飞翔的能力"。雅库特人对鹰的崇拜尤其强烈，因为他们认为，第一个萨满女人就是通过鹰受孕的。鹰帮助白萨满，乌鸦帮助黑萨满。一般来说，萨满树顶的各种鸟是萨满的鸟形辅助神的象征（见图3－12）。

图3－12　顶部有鸟的萨满树　　　图3－13　在萨满树前献祭的马

树是萨满教的图形符号，树通过树根将更低的（地下的）黑暗世界与树干（中界、人类的世界）和树冠（上界，天界、鸟和光的世界，最终也是超自然生物的世界）联结，就像萨满一样成为中介。树的这种普遍特征，使人们可以用周围环境中的树模仿宇宙，这就解释了为什么几乎每个地方，特别是在蒙古族中，对树的崇拜如此广泛存在（Baldick，2000）。我们经常会在西伯利亚的旅途中停下来，在萨满树（在雅库提亚）或在敖包（在图瓦和蒙古）上进行小型的献祭活动。树木崇拜的文化具有历史的深度：在通古斯族、满族和朝鲜族都有这种现象，甚至在不少村庄入口处，在路边，都设有守卫村庄的顶部为鸟状的神灵杆，以驱赶邪恶。在整个亚欧大陆，顶上有鸟形装饰的萨满树被视为能够以象征性的方式确保与神灵世界的接触。

萨满树矗立在世界的中间，像萨满那样连接着地球和天空、微观世界和宏观世界。

第四章

萨满鼓的符号和象征

鼓可能是萨满的装备中最重要的部分之一。它在萨满仪式中有着极其重要的作用。不可否认的是，之前就出现过鼓可以用其他器物（例如棍、镜、方巾或其他物体）来替代的情形。然而，研究鼓的功能及其复杂的象征意义，可能有助于人们发现亚欧萨满教的许多有意思的细节。

从最早有关17世纪到18世纪生活在北方的萨米人（以前称为拉普人）中萨满的资料中，我们可以得知鼓的几种用途。在1673年出版的专著《拉普尼亚》（*Lapponia*，该书随后以几种欧洲语言出版）中，约翰内斯·施弗勒斯（Johannes Schefferus）对此如是说："……鼓手歌唱名为'*Joiku*'的圣歌，而后面朝下扑地，并把鼓放在离头最近的地方……"（Schefferus，1673：56）（见图4-1）。

用驯鹿角雕成的鼓槌在占卜中具有重要地位。施弗勒斯在他的书中区分了两种类型的鼓槌：一种用于占卜，另一种用于进入出神状态。从挪威的考古发掘来看，这两种鼓槌早在10世纪就已经存在了。这表明它们的原始特性和传统的连续性，因为鼓槌的形状和装饰图案都不会随着时间的推移而发生任何变化（Zacharisson，1991）。

鼓也有两种类型。其中一种在北部地区居住的萨米人中很常见。它由一块木头雕刻而成，鼓面直径三四十厘米，略呈椭圆形，并呈弧形弯曲，或呈鱼形。萨米人在长途旅行或狩猎时都会带着这种小型的鼓。即使在帐

图 4-1　施弗勒斯描述的出神状态中的拉普萨满

篷里，萨米人也会把它放在一个特别的地方，防止被陌生人看到。它被保存在一个皮袋里，放在神圣的地方，即帐篷入口对面，而妇女不得碰触它。

　　南部地区居住的萨米人使用另外一种鼓。它的形状更接近西伯利亚鼓，是镶边的筛状鼓。萨米人的鼓与远东的西伯利亚鼓有着另一个相似之处：上面都有很多符号、图形和绘画。人们已经提出了各种推测来尝试解释鼓上的符号。可以肯定的是，鼓的表面分割为几个部分——要么只有上界和下界；要么被分成三个部分，中界也被描绘出来。

　　换句话说，这是基督教以前的萨米宗教所设想的某种宇宙模式。不同种类的鼓代表着不同世界之间的通道。鼓上有太阳和月亮、几种动物，下面是冥界的三个女神，即祖先女神（*madder - akka*）的女儿们——壁炉的守护者和分娩的辅助神萨尔－阿卡（*sar-akka*）；大门的守护神乌克斯－阿卡（*uks-akka*）；箭的祖母朱克斯－阿卡（*juks-akka*），她被认为是男孩的保护神（见图 4－2a 和 4－2b）。

图 4－2a　萨米鼓上的三层世界

图 4－2b　萨米鼓上神的形象（**Manker**，1950：**I**；**Abb. 150**）

一 制鼓的象征意义

在这里，我们应当简要地讨论鼓的献祭之象征意义（Basilov，1986）。精确而详细的民族志描述证实了鼓的细致工艺。阿尔泰地区的居民相信，除了辅助神指定的木头，没有一种木材适合制作鼓的边框。

制鼓是萨满启悟的一部分，也是学习过程。就像萨满必须通过学习才能拥有"出神"的技能一样，制鼓也必须学习。鼓的框架通常由一种特殊的树皮制成，它象征着萨满教信仰体系中的宇宙之树，即宇宙的中心。鼓的形状明确指示其制造者或所有者属于哪个族群（Potapov，1978）。它是存留传统的乐器，属于圣物宝库的一部分，因此其形状具有传统和信仰的双重意义。同样，选择何种动物皮革来做鼓面，这也是神灵会参与的工作（Hoppál，2005：218）（图4-3）。

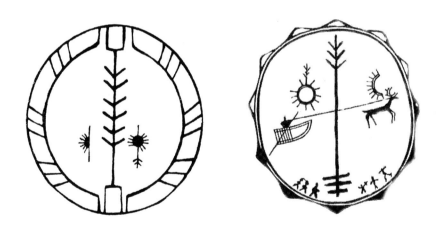

图4-3 塞尔库普的鼓用世界之树连接上界和下界，在世界之树的两侧都可以看到太阳和月亮的象征

萨满服务于整个社群，所以他总是在亲戚们的帮助下制鼓，这一点非常重要。他的装备（鼓和服饰）是由部族成员或近亲属制作的。例如在塞尔库普地区，鼓和鼓槌是由来自两个相关部族的男性共同制作的；而鼓与皮革鼓面的缝合工作则由女性来完成。

阿尔泰地区的操突厥语者认为，萨满在其一生中可以使用的鼓的数量是有限制的。他们相信，帮助萨满的神灵预先规定了萨满使用的鼓的具体数目——三个、五个或九个，每个鼓的使用年限为一到九年。当最后一个鼓的使用年限结束时，萨满也就死去。萨满死后，他们会打开他的鼓的鼓皮。因为他们相信，鼓是用于制作鼓皮的动物的灵魂暂居之地，也可能是萨满的辅助神栖居的地方。因此，（在鼓皮上切开一个洞的）这一行为意图释放这些神灵。事实上，在治愈或净化仪式的过程中，掌管疾病的神灵也会被收入鼓中，并带出帐篷。换句话说，鼓是用作收集神灵的工具。在图瓦，我也观察到了这一点（Hoppál，2007）。

有一种特殊而庄严的仪式可以赋予鼓生机，或者"让它有灵"。用欧洲的术语来说，萨满们对鼓进行"祭祀"，让它能够发挥神奇的功能。但是，在西伯利亚人看来，鼓不是一个物件，而是一个生命。对于萨满来说，鼓并非辅助道具，而是他的"坐骑"，他身边的生活帮助者。所有这些元素对于理解萨满鼓的象征意义都很重要。

当然，这个赋予鼓生命的仪式要用到动物作为祭品。大家会一起进食并饮酒，到了傍晚，比如在卡拉加斯地区，在场的每一个人都得把鼓握在手上，并敲打15分钟左右。最后轮到萨满巫师，他的出神状态持续了几个小时，因为他的任务之一就是，通过一种"个人剧"的方式，将自己如何跟踪用来制鼓皮的那只雄鹿的故事表演出来。在萨满教民间传说中，猎人萨满追踪雄鹿的母题可能是原始的亚欧人雄鹿崇拜的表现（见图4-4a和图4-4b）。

在绍尔人中，有一种习俗存在于鼓的"激活"仪式过程中：人们用酒精或血液喷在鼓上。除了女人之外，所有的人都要击鼓，最后，人们在鼓上画上需要的图画。还有资料表明，这些图画将被定期擦去，根据传统，人们会不断地更新图画（Funk，2003）。

鼓上的绘画通常是红黑相间。红色代表天界的居民，黑色代表冥界的居民。就其风格和人物的造型而言，鼓上的图画与阿尔泰地区的岩画有着惊人的相似之处。波塔波夫相信，文体相似性证明了文化连续性（Po-

图4－4a　有"鼓之神"（Azi）形象的阿尔泰基日鼓。鼓上有作为祭品的马、
萨满与鼓、月亮和太阳的符号，以及代表满天繁星的点（圣彼得堡人类
学与民族志博物馆，Inv. Nr，1853－3。见 Oppitz，2007：68－69）

图4－4b　哈卡斯人的鼓上绘制的阿尔泰世界模型的图像。上界被绘成白色，
下界的生物被绘成深红色（汉堡沃克尔孔德博物馆，
详情请参阅 Knödel－Johansen，2000：234）

tapov，1999）。

鼓的内外两面都有神秘的图案。它们不仅是装饰，还是有意义的符号——尤其是，它们代表了宇宙的概念。鼓描绘了"古代宇宙"的模型（Lyle，1990）。描绘的最重要的符号是太阳、月亮和世界之树，共同象征着宇宙的中心。非常明显，即使是相隔很远的不同民族的萨满鼓，在鼓的中间都能看到十字形图案，它标志着仪式的迷狂之旅的起点。这是萨满开始天空之旅的起点；也就是说，正是这个鼓打开了进入上层界域的可能性（或者视情况而定，也可能降到下层的冥界）。宇宙的中心也有动物作为祭祀之树，从这个意义上讲，它连接着不同的天体，将世界分隔为上界和下界，这是世界观念的符号学表征。这个鼓就像是阿尔泰地区操突厥语者的一个便携式"祭坛"。

这就使萨满可以随时随地即兴地发起公开仪式。已确定的是，每个鼓上的每个绘画在萨满宇宙观念的框架内都有其自身的意义，因为最常被描绘的是萨满所崇拜的神灵形象。居住在阿尔泰山脉及其周围地区的操突厥语者群体所使用的萨满鼓，其上的绘画也是最多的（Hoppál，2005：220）。

泰勒特人、绍尔人、库曼迪人、萨盖人、贝尔蒂尔人和切尔坎人的萨满鼓所描画的形象多不胜数，但不可否认，这些形象都是以一种高度示意性的方式画出来的。由此，鼓上可以分辨出太阳、月亮和金星的符号。太阳是最大的环形；代表月亮的环形较小，中间有十字；金星则带有长尾巴。星星和星座将帮助萨满在穿越天空的迷狂之旅中找到方位。太阳——他们称之为"母亲"——一般都绘在鼓的左侧，而象征天父的月亮则绘在右边。

西伯利亚萨满教的杰出研究者波塔波夫指出，通过这些图画（见图4-5）萨满对天人、属灵祖先或辅助神发出的恳求（Potapov，1999）。

鼓上还有天上至尊之神乌尔根的女儿们（七或九个），以及冥界之王的七个黑色铁头儿子。这些人格化的图像是萨满的辅助神，带箭的骑手图像也一样。各种动物形象象征着辅助神，而作为萨满辅助神的青蛙则将作为祭品的啤酒带给天空中的乌尔根神。这些符号被称为"乌尔根之蛙"，它们总是出现在鼓的底部。

值得注意的是，在鼓的内部也常常可以发现萨满的绘画。以前的研究专著往往忽视这一点，也没有提到萨满一般会把绘画上的形象从一只鼓复

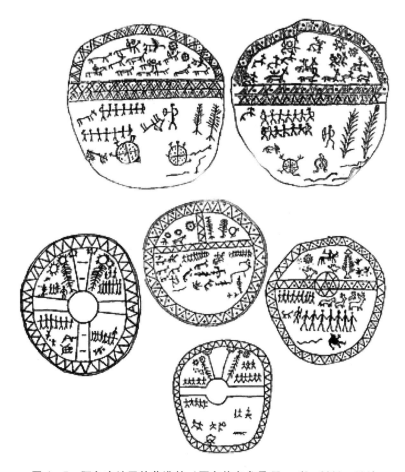

**图 4 – 5　阿尔泰地区的萨满鼓（更多信息参见 Hoppál，2002：124）
清楚地表达了他们的世界模型**

制到另一只，因为这些形象被视为来自萨满祖先的信息——即它们被视为在氏族内必须传承的神圣的传统。

　　确保绘画中形象的精确复制为何如此重要？因为鼓会磨损，一位萨满一生会拥有好几只鼓，而他必须用新鼓进行启悟仪式，从而获得能力的不断提升。

　　亚欧北部萨满教的世界图景之象征支柱就是世界之树。这一概念源远流长，就像北方民族的神话诗学意识，将星空想象为世界帐篷的样子，而北极星闪耀在它的尖顶之上。天空由一根柱子支撑着，这根柱子就是地球中间——地球的肚脐——山上耸立的世界之树；这是世界的垂直轴线。在星空中，银河系与世界的轴线相对应，星星围绕着它旋转。正是世界之树连接了上、中、下三界。

阿尔泰地区萨满鼓的宇宙模型从视觉上仅分为两部分，因为中间的人类世界只由一条锯齿形带状表示。这被称为"大地"（earth）（泰勒特人认为这是可汗之路）（见图4-6）。其上，在观鸟者和天体的符号之中，有一位骑手（根据一些解释）就是萨满自己。树木则象征作为献祭之树的神圣桦树。每棵树有七或九个分支：七和九是西伯利亚和阿尔泰人神话中的神圣数字。实际上，萨满和祭祀动物的灵魂也必须在到达最高神之前穿透七或九层天空。萨满必须爬上世界之树的树枝（Jankovics，1984：159）。在鼓的中间带上是七个或九个彼此紧挨的人（就像雅库特人在节日上跳圈舞那样）。他们被认为是天空之神的儿子，在几个民族的神话中，他们是至高无上的神之意志的"解释者"。蒙古人、布里亚特人、亚古特人、楚瓦斯人和奥布-乌克兰人也知道七位天空之子的神话。他们是萨满的辅助神。

图4-6　泰勒特人的萨满鼓（Ivanov，1954：655）

蛇、蛙和蜥蜴是下界的特征——它们驱走了给羊带来疾病的神灵。萨盖地区的萨满认为，蛇有助于治疗动物的各种疾病，以及人类的眼疾。克钦地区和萨盖地区的萨满也认为，蛙是性病的象征，而鱼尤其是梭子鱼象征着带来疾病的水神。鼓上还描绘了许多其他类型的动物，例如雄鹿、山羊、马和鸟——这取决于萨满继承或获得的动物辅助神的种类。除此之外，鼓上还有许多微小精细的图像，这些图像与萨满的家庭传统相关。有资料表明，人们相信敲击鼓面上的图案会产生不同的结果（Stolz，1988：164）。

例如，通过击打鼓面上天空的部分，萨满能够召唤一支军队。在一些区域，比如图瓦，萨满会在同一时间使用两个鼓，一个只用于驱魔（驱除邪灵），另一只用于治疗疾病。

在其他地区，例如在阿尔泰，萨满鼓被分成白色和黑色两种：白色的鼓用铜来装饰，用来惩罚召唤良善的灵，即氏族的守护神。黑色的鼓则用铁来装饰，用来驱赶幽冥世界的邪恶神灵。

鼓的边框或外沿上隆起的地方（鼓皮固定在其上）同样具有象征意义。从克钦、绍尔和萨盖地区的萨满鼓可以看出，它们象征着萨满的动物辅助神的乳头或角。即便是像用来把鼓挂在蒙古包墙上的带子这样微小的细节也具有象征意义，它代表着萨满已经去世的祖先的辫子，即鼓的主神的辫子，因为萨满自己和信仰萨满教的男性以前都留着长发，长发被编成辫子或垂在头的两侧（Potapov，1991：228）。

二　十字图形的象征及其意义

西伯利亚萨满鼓有着十分明显的特征，那就是绘有十字图形。十字图形画在圆圈内，标示宇宙的中心。提醒萨满他的鼓的中心是"地球的肚脐"，最可信的方法就是把一个中间带十字的小圆环放在鼓中间。由此，他就知道他是在宇宙中心执行仪式的。

这就是指南针的四个基本点连线的交会处，力量线也在此点交会。仪式是对立力量的交会点，简单地说就是"宇宙的中心"（见图 4-7a 和图 4-7b）。据伊文地区萨满的解释，十字图形是指南针四个基点的符号。埃内茨地区的萨满鼓的图画命名明确地包含了"地球的肚脐"这个短语，它指鼓的中间，而边缘的图画被称为"宇宙的边界"（Sem，1999；Toporov，1979：121-123）（见图 4-8）。

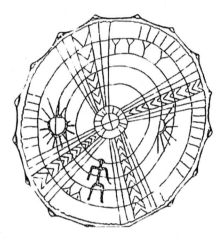

图 4-7a 凯特萨满鼓有四个方向的标示，同时也有太阳和月亮的象征，鼓面上人的形象可能是萨满（圣彼得堡的俄罗斯人类学与民族志博物馆，Inv. Nr，4034-151/1）

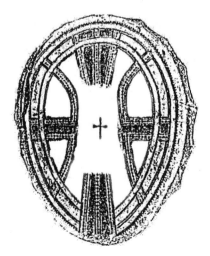

图 4-7b 鄂温克萨满鼓（更多信息参见 Nagy，2007；Hoppál，2005：220；Hoppál，2002：118；米努辛斯克博物馆，Ivanov，1954：165）

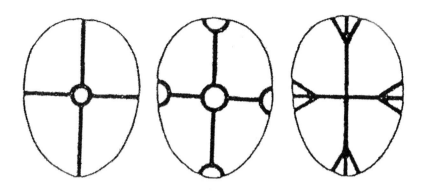

图 4 - 8 鄂温克萨满鼓 (Ivanov, 1954: 154)

恩加纳萨地区的鼓和其他地区的鼓，鼓面上的形象通常会以两种颜色绘制，以突出上界和下界的区分 (Dolgikh, 1996)。他们也认为壁炉是宇宙的中心——同时也是他们所住的帐篷的中心。鼓的中心图案与四周的图案具有某种相似性，即，宏观世界与微观世界相互投射。

通过壁炉，萨满可以获得通往下界和上界的通道，因此，萨满将这里选为安坐之位并非巧合。日月组合加强了宇宙的象征意义 (Oppitz, 1992)，旨在表明昼夜连绵的整个宇宙在鼓中相互联系。一些学者称鼓为"宇宙的神话映射"，或者简称为"宇宙的象征"(Pentikainen, 1987)，这也不无道理。

若干学者提出西伯利亚鼓有着连接各层世界的能力，尤其是在鼓的帮助下，萨满能够渡过死亡之河。

这类现象的佳例之一就是满族女萨满尼桑的故事，当她到达分隔生死两界的大河之岸时，"她把鼓放在水里，自己站在鼓的上面，一眨眼间，她像旋风一样过了河"(Melles, 1987: 21)。

总而言之，鼓上的图画是萨满祖先和神灵的符号表征——鼓是神灵的居所，是萨满的全部装备中的一个物件，被授予一种神灵力量，并通过几种方式传播传统。第一种是通过视觉方式，这也许是最简单的一种传播传统的方式，借助了图画所具有的教化力量。第二种传播传统的方式可能是借助音乐——或者更准确地说是通过音乐的节奏。声音刺激是一种有效的助记符工具，一方面可以唤起文本（祈祷、祝福等的内容），另一方面可以改变人的意识状态。因此，掌握击鼓技术对于萨满仪式来说是必不可少的。萨满必须掌握运动、击鼓的特殊技能，并形成特殊的舞蹈风格，这可以让萨满融入当地的传统链，从而获得人们的信赖并被社会所接受。

在许多情况下，鼓的内部比其外部包含更多有意思的特征、更多的信息，因为它被认为是鼓的更中心的、"被保护"的部分。因此，恩加纳萨地区的萨满用红色将他的孩子和妻子以小人形的符号画在由驯鹿皮制作的鼓的内部，以确保"他的家人的灵魂和他的驯鹿受到保护"（见图4-9）。

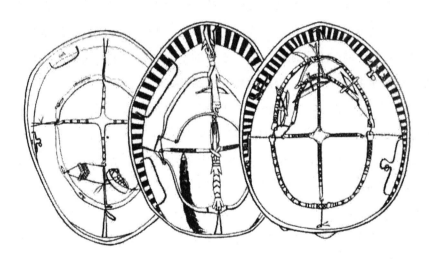

图4-9 恩加纳萨鼓的三种不同功能。从左到右：第一个在分娩时使用，第二个用于飞往上界，第三个用于去往下界（Popov，1984：142，138，140）

顺便提一下，恩加纳萨地区的最后一名萨满有三个妻子和三只鼓。这些不规则的椭圆形鼓是由野生驯鹿皮制成的，代表着驯鹿是萨满的动物辅助神。这三只鼓与三种萨满神衣类似，是为了不同的目的而制作的：一只在孩子出生时举行的仪式上使用，另一只用于通往上界的旅程，第三只则用于去往下界（Hoppál，2005：228）。

在鼓内，可以发现一个十字形的锻铁手柄。手柄的分支连接着锤制成的弯曲的铁片（象征着驯鹿辅助神的肋骨）。手柄和分支与代表不同功能的小符号（摇篮、箭头、水鸟）连接。十字形的手柄特别引人注目，因为不久前，在托木斯克附近的一座公元前 15 世纪的墓中发现了这种形状的手柄。换句话说，我们正在关注的是一个可以追溯数千年的传统。这种鼓有悬架，手柄悬于架上而不固定，这有助于提高鼓的声学效果，获得更好的音质。这是高度精细的技术，大概是在相当长的实践中才形成的。

图 4-10　凯瑟琳一家把萨满鼓涂上矿彩（依照 N. P. Dyrenkova
20 世纪 30 年代在哈卡斯共和国拍摄的珍贵照片绘制）

第五章

空间关系模式、社会结构和世界观

一 文化中的符码：民族符号学引论

文化作为一种存储和传递信息的系统，只有在使用符号时才能运作。任何东西都可以成为文化中的符号——只要传统将其转化为一种符号。因此我们仅仅通过探讨由文化凝聚起来的人类群体用何作为符号，就可以获得该群体的许多知识。在关于文化符号机制的民族符号学构想中，一般符号学模型可以作为帮助我们理解文化现象的方法论工具。在民族符号学理论中，文化是由多个相互作用和相互支持的符号系统创造的世界，这些符号系统可以作为不同类型的文化"文本"或"符码"来研究。

符号学方法的基本思想之一是：将所有的文化事实或现象都视为"语言"；换句话说，将其视为符码的表现形式。按照这种方法，任何使用特定排列符号的交流系统都被视为语言。在传统乡民社会的生活中，许多精心创制的符码发挥了语言的作用。所谓民族志符号学或民族符号学的路径，在理论和方法上推进了对代表社会实践的文化事实和事件的理解。

对社会技术的考查是民族符号学的主要任务之一。在分析社会实践时，必须考查的不是礼物本身，而是礼物的呈现方式，也就是整个社会过程。换句话说，要考察的不是个人的舞步，而是跳舞的过程；不是食物，而是饮食的过程；不是单个文本，而是交流的过程。

然而，符号的概念对符号学家具有核心意义，这个概念与交流理论中的符码概念相对应。这就是为什么民族符号学不是简单地对话语感兴趣，而是对编码的方式感兴趣。该观点认为，符码的生产是文化最重要的机制之一。

通过创造符号系统或（以更简单的方式）通过编码，象征体系指导和规范着日常生活中的社会实践。这里的新思想是，符号的生产是人类生产活动的一部分，并且它的出发点不应该是假设性的符号的抽象概念，而是将符号生产作为一种活动的观念，因为它导致了符号阐释过程（Semio-sis）。这里的"编码"就是"生产"的同义词。这就意味着符码（和编码的过程）对于文化符号学来说非常重要。甚至可以说，这一过程至少和（早期的）符号概念一样重要。

我们必须清楚地看到，在文化中，包含信息的符号系统和符码一直存在多重性和一致性。多重性，即同时使用一种以上的符码来传递文化信息。事实上，复杂的文化只能借助几种类型的符码来理解。问题更复杂之处在于，以这种复杂的方式组织的任何单一类型的文本在整个文化中仍然只是一个单独的符号；换句话说，它仅是许多子系统之一。正如苏联符号学家们所说的那样，"文化被建构为符号系统的层级体系"（Uspensky et al. ，1973：5）。他们认为文化是不同符号体系和文本的层级结构的总和，从符号学的角度来看，文化是相关功能的集合；换句话说，文化是创造这些文本的机制。艾柯对此持同样的观点，他曾提到"符码系统的体系"，并将其视为创造这些文本和"无限符号阐释过程"的机制（Eco，1973：71）。我们可以在符码创造和无限的复制、交织中去理解文化，这为民间生活现象的民族符号学分析提供了基础理论概念。在审视民俗文化现象时，首先吸引研究者眼球的就是多种符码。所以，民族符号学的学者需要全面观察，并尝试把每一个现象都置于整个文化符号体系之中。正如巴特写道："因此，符号学旨在关注任何符号的系统，无论其实质和界限；图像、姿势、乐声、物体，以及所有构成仪式、惯例或公共娱乐内容的复杂

关联——它们即便不是语言，也至少是表意系统。"（Barthes，1967：9）

文化符号学是一个综合的理论，文化作为一种记忆或一种信息存储机制的观念可以在其中进行调整，正如人们所讨论的：文化是一个由人和社会智性生活的各种现象构成的层级系统，用来储存、积累和交换信息（Uspensky et al.，1973：1）。民族符号学为分析这一生产提供了概念性的工具，因为在民间文化和社会中有着特殊的机制，保证了符码的一致性和持续性，其中，非语言符码（空间的组织和姿势）用于传递的信息与通过自然语言文本转递的信息至少具有同等的重要性，并且这些符码具有高度的一致性。

在本书中，一组特殊的文化符码、空间关系符号被选作分析的对象，这尤其因为初看之下，这些符码似乎是彼此独立的。从方法论角度而言，我们的研究策略是由这样一个事实决定的：这种文化现象总是一种非常复杂的现象，其中可以检测到一系列关系的影响。这一分析有望能够得出一个完整的关系网络。不同文化符码的表现形式如空间关系模式、社会结构和世界观的类别在这个"网络"中找到自己的位置。

为了进一步解释本章的主题，通过对人类文化符码以及思想和行为过程的根本理解，我们认为，人–环境领域应当是民族科学研究的理想场所——众所周知，社会根植于环境之中并依赖于环境（Knight，1977：192）。人的群体往往是由地域所界定的。我深信，社会世界将自己表征为社群成员以一种有意义的方式阐释的现实。我们作为社会科学家的任务，就是阐明这个支配隐藏的象征性阐释机制的规则。

我们假设，某一文化所特有的空间关系行为基于一组"信仰"（Loflin and Winogrond，1976）。该信仰体系是由命题（采用在逻辑中使用该词的特殊意义）组成的，命题包含在特定社会中再现所有空间使用模式的必要信息。在下一部分，我们将更深入地研究信仰体系。

二　论世界观与信仰体系

我们是在广义上使用"信仰体系"这一概念的。正如洛克奇（Milton

Rokeach）所言："信仰体系代表了人对物质世界、社会世界和自我的全部信仰。"（Rokeach，1969：23）实际上，它就是我们对周围现实的日常认识。洛克奇的研究总结以诗意的转向开始：

> 每个人都会认同，成年人所拥有的信仰总数很大。当我们成年时，关于在我们所生活的物质和社会世界中，什么是真、什么是假、什么是美、什么是善，我们所形成的信仰可以多达数十、上百、上万个。我们不能想象，无数的信仰会在我们的脑海中保持一个无组织的混乱状态。相反，我们必须假定，人的信仰已经组织为具有可描述和可测量的结构特征的建筑系统，这个系统具有明显表现为行为方面的重要性。（Rokeach，1969：1）

通常，我的工作与洛克奇所说的意义上的信仰体系研究有关（Hoppál，1979b）。在我看来，最近，世界各地都趋向于用一个更合适的术语"世界观"来集中研究信仰和信仰体系，这可能是因为世界观是由一系列的信仰构成的（Jones，1972：80）。信仰体系是群体文化遗产的一部分，被作为认知结构一代又一代地传递下去。在我看来，没有信仰体系，是不可能传承、获得文化和公认的行为模式的，（具体来讲）也不可能习得文化。与此密切相关，信仰体系就像文化中的其他语言和（或）符码一样，是由社会决定的，在个性发展的同时、在社会化的早期开始形成。"人生于社会、文化和传统，因此，他也生于世界观。"（Galdston，1972：96）

信仰体系和价值体系被认为是意识形态领域最重要的两个子系统。信仰体系本身就包含了经由历史发展和社会遗传而形成的各种社群观念。在特定的文化中，观念和视域（例如，关于自然、关于宇宙和关于人类在其中的位置）形成了一个相对连贯的系统。更确切地说，系统有着创造内部一致性的倾向。所有文化都有隐含的假设；这些假设或民间思想是世界观的基石。正如阿兰·邓兹（Alan Dundes，1972：92-93）所说，任何世界观都将建立在许多单个的民间思想之上，如果有志于研究世界观，就得先对促进世界观形成的一些民间思想加以描述。

　　许多学者已经指出，每个社群都有一个由文化所决定的信仰体系，但是社会人类学家还没有对该信仰体系进行充分的研究。因此，这就推动我们将社会人类学与心理学和行为科学更紧密地联系起来。信仰和行为是相互联系的。我们也可以说，信仰在日常生活中起着程序的作用，在这个程序中，与文化相关的信息（或传统）被储存在大量的个体记忆中。

　　对于琼斯强调的"从行为解读世界观"的重要性，邓兹相当赞成，因为人类学家往往只是积累民族志的资料，对从资料中去洞察世界观的范式却鲜有涉及（Dundes，1972：93）。

　　本章的目的之一，是展示基于文化的制度化行为是如何受到有关文化的世界观或信仰体系的调节的。在日常生活中，人们在信仰或知识的整体系统的影响下，努力探索自己的位置以及与世界之间的关系。一个社会意识形态系统最重要的功能正是，它有助于回答几乎所有的问题，或者至少对主要问题进行总体的界定。正如盖尔纳（Gellner）明确指出的那样："传统的信仰体系至少包含一个界定何为正常的普遍视野……在总体上由普通神话所阐释。"（Gellner，1973：170）

　　人类实际上创造了他们生活、思考、说话和行动的世界；这就是伯格和卢曼（Berger - Luckmann，1967）所说的世界建构或现实的社会建构的过程。意识形态体系是一种特殊的文化符码，它对世界进行了定义、描述和理解。象征性的世界是社会的产物，也即人类意识的产物，其本身就表现为一种必然的整体……在日常生活中，日常角色、优先次序、运行程序因象征性的世界而井然有序，并获得合法性。或者换句话说，如果一个普通的神话世界观是有效的，那么它可以直接用于对日常生活中的差异的调节（Berger - Luckman，1967：115 - 117）。

　　我们不仅看到我们周围的世界，我们还创造这个世界，我们构建我们的现实。这种现实的建构有赖于我们的社会化。下面的章节将呈现不同的例子，来证明作为特殊类型的文化符码之空间使用模式总是具有社会可理解的意义。这些意义有时在社会结构、宇宙神话、"物体语言"或仪式中显现。实际上，不同的文化符码相互解码，并对空间关系模式所隐藏的信息提供了解释。

三 空间关系模式与社会结构

作为文化的一个子系统，信仰体系与空间关系（比如人与人之间的空间使用模式）构成文化中两个紧密相连的特殊领域。下面的资料，其形式是高度概括的，但即便如此，它也能证明这种关联性，并能进一步说明，社会结构能够在空间关系或信仰（尤其是神话）中，或是在两者中得到明确的反映。

在这里，必须提到这方面研究的先锋霍尔（E. T. Hall），因为他在其具有前瞻性的作品中举出了一些范例，向我们说明了社会的阶层如何通过空间关系自我展示，以及核心的隐喻如何在既定的文化中支配空间（和时间）的使用（Hall，1966；1969）。其他学者也提供了社会空间意义的有意思的资料（参见 Gilmore，1977；Gonda，1983；Shils，1983）。不太为学术界所知的是勒鲁伊－古朗（Leroi－Gourhan），他在研究社会的象征主义问题时，曾对其中以社会形式组织的空间使用问题写过长文（1965：139－185）。他把人类"栖息地"的多数形式解释为这些形式得以建立的特定社会的象征；根据古代文明（如古代中国、印度和美索不达米亚）的文献资料，城市被作为万物的模型进行组织。换句话说，社会的缩影是宏观世界的象征性表现。不仅作为整体的城市具有象征意义，矗立在城中心的寺庙或教堂也被建造成"世界的可能模型"（见 Critchlow et al.，1980；Widengren，1960），或作为"万物的象征"（Leroi－Gourhan，1965：168；另见 Heine－Geldern，1930）。

可以说，不同的文化符码以一种非常复杂的方式交织在一起。20 世纪前 20 年的荷兰结构主义者被丰富的象征语言所打动，这些语言似乎反映了东印度群岛和印度尼西亚现实的或理想的社会组织。他们试图描述社会群体类别、物质对象、自然物种、领域划分、环境和宇宙领域之间的联系（Ellen，1978：117，他对努阿卢鲁村庄结构和房子的象征性秩序进行了分析，见图 5－1 至图 5－4）。

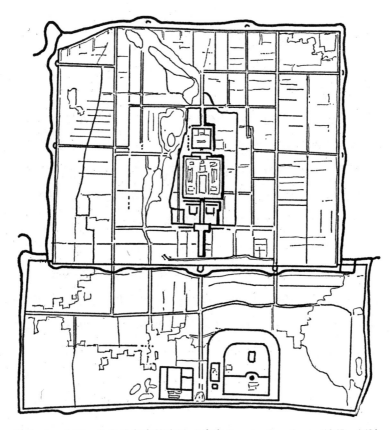

图 5 - 1　北京，中间是皇帝的宫殿（来自 Leroi - Gourhan，1965：163）

克劳德·列维 - 施特劳斯（Claude Lévi - Strauss）在其关于双重组织存在的著作（1967）中，也提到了支配社会组织（在村庄结构中表现出来）的结构原则与赋予宗族或社会中其他类型的对立团体的价值体系之间的相似性问题。他把几组对应词——如神圣/亵渎、生/熟、单身/已婚、男性/女性、中心/外围——作为重点研究的对象，它们对社会具有象征价值（见 Lévi - Strauss，1967，第八章，该章中的图 6、图 7 和图 8）。

不仅村庄的分布如此，作为基于文化组织的生活空间的住宅也有其空间的真实和象征性分布，对社会分层、价值观和宗教信仰充满着暗示。维纳 - 波蒂斯认为"空间特征是世界观最正式的组成部分"（Winner-Portis，1979：109），我们分析的资料与这种说法是一致的。值得注意的是，必须

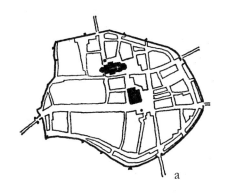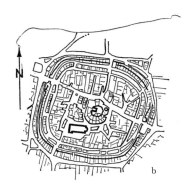

图 5 - 2　中心有教堂的中世纪城镇（Rothenburg - a；d'Equisheim - b）
（Leroi - Gourhan，1965：173）

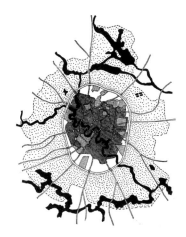

图 5 - 3　美国华盛顿特区的规划　　　**图 5 - 4　莫斯科仍然遵循有机体的发展路径**
（Leroi - Gourhan，1965：176）　　　**（Leroi - Gourhan，1965：184）**

用文化自身的而不是研究者的世界观来研究文化（Jones，1972：87）。坦比亚（Tambiah，1979）所描述的房屋类别的社会意义表明，泰国东北部一个乡村房屋的房间和地面空间的分布格局，对村民而言，显示出其与人类社会（如亲属关系）的直接关联，也显示出其与驯养动物和野生动物的分类方式有关。因此，这座房子的建筑变成了一个与人类和动物世界类别相连的中心网络（Cunningham，1973）。

　　这里还需要提到另一个典型的范例分析——布迪厄（Bourdieu）对柏柏尔人住宅的描述（1973）。据其描述，卡拜尔人（Kabyle）房屋的内部呈矩形，分为两部分。房屋黑暗和属于黑夜的下半部分用于放置潮湿的、未成熟的或未加工的物品——水罐放在马厩入口的各个地方的长凳上，或靠在暗墙、木头或草料上；这部分也是动物（公牛和母牛、驴子和骡子）的自然之所，人的自然活动之所（睡眠、性行为、分娩），以及死亡之所。相比之下，房子的上半部分光线充足，更为高贵，是人活动尤其是招待宾客的地方。这部分是火之所，也是火的创造物（灯、厨房、家什、枪）之所。人们还在这里进行两项具有特殊文化意义的活动：烹饪和编织（Bourdieu，1973：99）。这些对立关系是通过一整套趋同符号来表达的，这些符号确立了一个事实：两性之间的分工基于与空间组织相同的分工原则。布迪厄继续分析如下。

> 因此，房子按照一系列相应的对立来构建：火－水；熟－生；高－低；光明－阴影；早－晚；男－女；无毛的－有毛的；施肥－被施肥；文化－自然。实际上，作为整体的房子和世界的其余部分之间也存在相同的对立面。考虑到与外部世界（充满公共生活和农业工作的男性化世界）的关系，作为女性世界和私密世界的房子，是一个圣地，也就是说，同时是神圣的……（Bourdieu，1973：102）

房子内部男性－女性的空间分割似乎是普遍的：鹿特人（Rotinese）的房子的东边是给女性的，摆放着厨具、火和盆；西边是给男性的，摆放着剑、矛等（Needham，1973：433）。

同样的空间象征性结构在南方和北方都存在。将因纽特人的冰屋视为主要居住地来加以分析很可能是最近的一个创新，但可以认为，居住空间的材料是对整个世界的象征性缩影之映现。正如格拉伯恩（Graburn）和斯特朗（Strong）所论证的那样：

> 男人关心的是外部运动世界的坚硬、尖锐、切割和戳刺的材料，女人则负责内部世界的柔软、柔韧、封闭的材料。即使是居室的空间也被一分为二：一边是柔软的睡觉空间——主要是女性的领域，另一

边则是较冷的地板和存储空间（Graburn - Strong，1973：152）。

在其论文中，法德瓦·埃尔·圭迪（Fadwa El Guindi）对萨巴特克人（Zapotec）的仪式进行了结构分析，他认为他们的世界被构想为两个部分：生者世界和逝者世界。就两个世界之间的空间关系而言，存在明确的进口点，就是祭坛，以及出口点，就是墓地。它们是连接两个世界的进口和出口的空间点，并且将两个世界连接为存在于两个不同的社会组织层面——家庭和村庄社群——的关系。圭迪在分析这些复杂的文化现象时解释说，人们需要同等地了解萨巴特克人的空间、社交、亲属和宇宙观世界。观察性的民族志资料有助于我们对无法观察的现象（如信仰）加以理解，反之亦然（El Guindi，1983）。

上述所有例子都证明了不同文化符码（包括空间关系、社会和信仰结构）相互加强的假设。

四 匈牙利的例子

从历时的角度出发，相互作用的文化符码也有它们自身的信息。有意思的是，20世纪30年代，一位来到匈牙利大平原的荷兰民族学家从居民的定居模式解码了城镇的历史（见图5-5）。

登·霍兰德（Den Hollander）发现了匈牙利半游牧传统文化与中亚半游牧传统文化的重要类比特点。聚落形态明确地显示了居民的可能来源，因为新来者的村庄是按矩形规划的，曾经的游牧民族村庄则形成了一个圈（1980：22-25）。有些学者认为，匈牙利的圆形村庄可以与土耳其的城镇进行比较（Prinz，1921）。然而，作为游牧文化向农业文化过渡的最后阶段，大平原的农场体系深深扎根于匈牙利古老的半游牧传统（Den Hollander，1980：45），而这个体系是基于特定的社会分层、分工和财产分配的。实际上，我们同样可以说成，空间安排整体上反映了社会（见图5-6～5-8）。

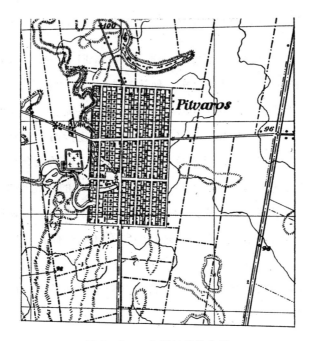

图 5 - 5　一个新村庄的布局

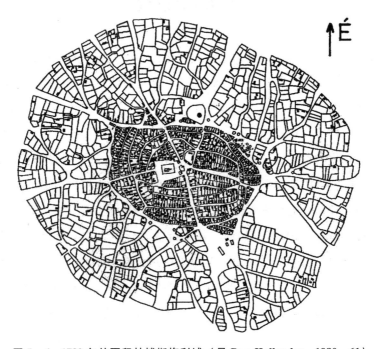

图 5 - 6　1782 年的夏积杜博斯梅利城（见 Den Hollander，1980：61）

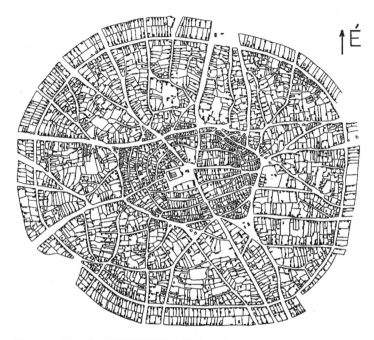

图 5 - 7　1842 年的夏积杜博斯梅利城（见 Den Hollander，1980：63）

图 5 - 8　1910 年的夏积杜博斯梅利城（见 Den Hollander，1980：64）

一小批学者进行的匈牙利民族符号学研究，将文化事实作为匈牙利农民传统生活方式中符号的体现。这些符号体系总是由既定的社会和文化来定义的，而历史上形成的民族群体用这些符号体系进行社会交流。正是信息传递中的日常使用使这些符号体系有了生命［参见笔者对农民家庭内部空间的分析（Hoppál，1970：48－49），以及格拉菲克对院落使用及房屋内部空间的描述（Gráfik，1974）］。

在 20 世纪 70 年代，笔者在匈牙利的一个农村社区进行田野调查，了解该社群的空间关系模式。除了研究空间利用和公共行为，我们也搜集了一些关于该社群信仰体系运作的资料。我们得出的结论是，这些主题是密切相关的，在空间使用方面，信仰体系支配着公共和私人模式（Hoppál，1983b）。村庄的空间划分、村庄组织单元的布局和对这些单元的差异性评估是历史和社会过程的结果。在许多村庄，穷人和富人分开居住；如果两者的分化是由某个群体的高贵血统造成的，这种现象更为典型。当瓦尔萨里的居民被问及关于他们社群的空间分布时，大多数的报道人能够毫不犹豫地回忆起过去的社会分化。

我们特别感兴趣的是教堂的座位安排。从报道人的话语可知他们似乎接受一种公认的座位模式：老年人坐着，年轻人站着；年轻人中，女孩站在男人面前；地主们有自己专属的长凳，仅供自己和亲属们就座。这种模式一直持续到 1945 年。除此之外，座位并没有显示居民居住地导致的地位差异。而最重要的标志是性别。就教堂的座位而言，富人和穷人之间不再分开就座。不过，男女之间的区分仍然存在（见 Hoppál，1983b：248，图9）。

作者还研究了房屋的内部布局，描述了物的世界。在传统的房间里，桌子的内角上方是神圣之角，就是今天放电视的地方——电视已作为一个新的身份象征。如果可能的话，电视放在进户门的对面。在电视被放置在厨房或其他房间的家庭，该房间在平日里则不用，它相当于传统的"洁净之室"，只在举行仪式的时候使用。所谓的"洁净之室"实际上已经不再使用，这是一个在房子里的"死区"，是一个旧的"一元空间"的残余物

（Gráfik，1974：100；Hollander，1980：95）。

　　电视机是唯一似乎在物的世界的混乱模式中找到一个确定位置的物品。它通常被放在该角落。该事实很有意思，因为它指向了空间关系模式令人惊奇的连续性，并反映了所谓的"以角落为中心"的房间在无意识层面上的传统。传统上，圣徒的照片和其他献祭物品被放置在这些角落。一位年长的女性报道人说："我们总是在该角落设一个祭坛。圣母玛利亚的雕像放在这里，她的圣像供奉在中间。"（Hoppál，1983b：256 - 259，图19 ~ 23）

　　传统的空间关系体系的有效性在于家庭的空间分布符合社会结构的要点。例如，在匈牙利农民住宅中以角落为中心的房间里，家庭尊长的位置正好与神圣之角的位置对应。在这个体系中，空间结构安排加强了家庭成员的权威，支持了传统的家庭结构。因此，空间的结构和新形成的亲密关系是相互反映的。在隐而不显的文化领域中，这些模式显示出传统的存续。

五　作为身份象征的亚洲蒙古包

　　1976 年，我访问了苏联的中亚地区，郊游时被人带去参观了农村。在我们访问过的吉尔吉斯的村庄里没有发现蒙古包（圆形牧民住宅），但是当我们遇到牧羊人时，看到他们还住在传统的蒙古包中。更有意思的是，在吉尔吉斯的国家博物馆，蒙古包被作为旧生活方式的象征而展出；吉尔吉斯的学者在放映他们的民族志纪录片时，也向我解释了这一点。

　　如果要在亚洲游牧民族的世界中寻找一个重要的隐喻，人们会发现圆圈是主要的象征。他们的聚落和个人的生活空间都以圆形的模式组织。L. 克拉德尔（L. Krader，1963）将这些传统详细描述如下。

　　　　村庄布局的变化反映了从畜牧业向混合农牧业的转变。传统的牧区群落所形成的"xonton"（和顿）是一个圆形或椭圆形的围栏圈地，它为牧群抵御反复无常的冬季气候提供了一个保护屏障。椭圆形或圆形的 "ulus – xoton"（兀鲁斯 – 和顿）是冬季营地。夏季的牧区群落分布得更为广泛。主要节日集中在秋天和冬天，群落每年都聚集起来庆祝新年和举行其他仪式。这个混合性的或过渡性的农牧村庄是定栖的，但呈现不同的形态，比如沿着道路排列为一条线。奥尔洪·布里亚特人（Olkhon Buryat）以及另一个当代西斯 – 贝加尔（Cis – Baikal）布里亚特人的群体（也是从游牧生活过渡到定居生活的阿拉尔 – 布里亚特人），他们的村庄都是如此。随着村庄布局的变化，从毡房到木屋也发生了变化。不过，这些家庭仍然聚集成圆形，每座院落都围着篱笆（Krader，1963：84）。

克拉德尔还提到，社会结构（或更确切地说是家庭关系）在聚落结构中明显显现出来。

> 儿子的蒙古包通常在父亲的附近，多少形成一个规则的圆。父亲的蒙古包在和顿的中间，两边散布着家庭其余成员的蒙古包，以长幼尊卑为序。一个富有的和顿，除了近亲属之外，圈地的外部住着血缘关系较远的、较贫穷的宗族成员，他们离主帐篷最远。第一排帐篷的后面另有一排帐篷，穷人住在这里，他们可能是最远的血亲，也可能是仆人（Krader，1963：149）。

草原游牧民族的政治体系是由从大家族到氏族联盟的层级共同体组成的。所有共同体成员都有一个共同的家谱，或者属于该家谱中的一支。值得注意的是，尽管亲属群体内部存在等级关系，但由于他们有着同一个祖先，因此，在族内成员的意识里，他们仍然保持平等。社会实践的另一种形式也有助于保持群体的身份——在法律面前，家庭是一个整体，由此家庭的完整性得以保存。每个人都同样感受到他/她的家庭的包容性和对他人的责任。在亚洲游牧民族的世界中，还有另外一个重要的整合力量，它又一次悄悄地传达平等的理念，即圆形的传统座位模式。社会心理学家证实了这样一个假设，即常常围坐在一起的小群体，能够实现最佳的交流。故此，举行会议时让整个社群成员围成一圈坐在一起所达成的决定，具有完全的公开性。

在世界中心竖起的中心柱，在欧亚狩猎和游牧民族的信仰中具有重要的象征意义。在他们的神话中，这根中心柱或世界之树就是银河。帐篷周围是由幼树围成的栅栏，幼树作为神灵的代表保护整个氏族及其领土；粗线条雕刻的木制人物、动物和其他形状也象征着守护神。

瓦西留斯基（Wasilewski）在其详尽的研究中指出，蒙古包中的空间使用中存在基本的对立。这些二分如下。左半部分，从面向东部的入口开始，属于男性；而蒙古包的右（北）半部分由女性和她们的厨具所占据（见图5-9）。最深处的部分属于客人和受到尊重的人，也是家庭最宝贵的财产放置的地方。第6区中有神圣的祭坛和主人用于款待客人的桌子。火占据了蒙古包的中心位置。蒙古包的西部被认为是非常体面的地方，属于老人（以及夕阳）；东部则属于青年、仆人和女性，和旭日相关。这位波兰学者明确指出，蒙古包内的空间分割可以看作一种潜意识的曼陀罗——对宇宙秩序和世界结构的一种象征性描述；蒙古包是宇宙的缩影（Wasilewski，1976：348-356）。如同罗兰·巴特所说，蒙古人认为帐篷是一个典型的例子，"功能渗透着意义……一旦有社会，每一种功能便都转化为它自己的符号"（Barthes，1967：41）。因此，乌兰巴托（蒙古国首都）周围正好有一个由蒙古包组成的大型聚落，这似乎是可以理解的。普通人喜欢毛毡帐篷而不是预制板房，而且他们在传统的圆形空间中感觉更好。这是因为蒙古包中的空间使用是基于他们的日常信仰（例如，接待客人的正确方式）来加强他们的行为模式。最后，也是同样重要的一点，甚至在1980年，蒙古包仍然是一个人们向往的居所，是蒙古传统文化的象征。

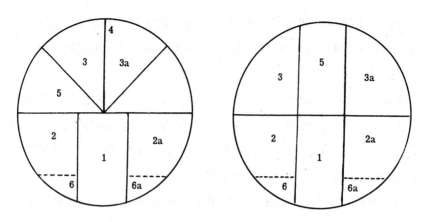

图 5 – 9　蒙古包的功能划分（见 Wasilewski, 1976：348，使用获得许可）

六　总结传统与变化

本书假设，传统与文化体系中的变化存在辩证关系。其中有两种机制：一种机制调节（和刺激）变化，另一种机制构成文化语法或传统再生产的规则。

可以说，我们的时代是一个典型的过渡时期，但这是一个模糊的说法，因为从人类学的角度来看，每种文化都处于过渡状态——它们总是在变化。但在变化中，存在一种相反的机制，它保持着特定文化的特征。

上述的例子表明，空间使用模式或空间关系结构（公共的和私有的结构）属于文化的后一部分。借助隐含的文化因素链——信仰体系、社会结构和语言类别，空间关系模式试图保持至少一部分传统。这几种方式，如前所述，在多渠道的符号过程中相互支持，或作为不同的文化代码以不同的和冗余的方式传达相关信息，以保证文化有意义的象征性信息的维持。

了解当地人的世界观，不仅是为了向社会引入一些创新和变化，而且是为了保持一个社群身份的基本和稳固的认同感。在这里，身份是一个非常重要、特别需要强调的概念，因为（众所周知）身份是由社会过程形成的，而社会过程包括由社会结构决定的身份的形成和维持。正如伯格和卢曼（Berger and Luckman，1967）所提到的那样，特定的历史和社会结构会产生不同的身份类型，这些身份类型在个别情况下是可识别的。在文化意义上，身份只意味着习得不同的文化习俗（风俗习惯）、隐藏的空间使用规则、得体的行为方式、语言的言说、世界观的类别。它们大多数是隐藏的现象，不可见，或者更确切地说，意义隐藏在其中。初看起来，可以发现一些事实，但不能看出它们之间的关系。霍尔指出了我们这个时代的三大危机——不同族群之间的关系危机（身份问题）、大城市的危机（空间问题）以及教育危机（世界观问题）。所有这些都与被忽视的人的文化维度密切相关，这些维度大多是隐藏的（Hall，1969，第 14 章）。

这些危机分别对应于身份问题、空间使用问题和世界观问题。本章选择这一论题的原因是，如果不能更好地了解这三者，就不可能改进民族之间交流的可能性，避免民族之间的误解。文化研究——包括空间关系模式和世界观的研究——正开始提供深刻的分析，从而推动世界各民族之间的相互理解。

第六章

匈牙利民间艺术中的性符号

一 引言

传统乡民文化的特点之一是它用几种"语言"表达相同的内容。从符号学角度而言，它们传递了被译为不同符码语言的相同信息。将即定文化的独特信息，同时通过几种渠道稳固地从一代传递到另一代，是古老文化的典型特征之一，而符码的多样性和同时使用，是文化的普遍特征（Lotman，1974；Hoppál，1979b）。文化的不同取决于它们何时使用何种"语言"（即符码，作为文化的子系统之一），何时传输何种消息。例如，表达物体和动作（如姿势、舞蹈）的有声语言，总是在既定的时刻被赋予突出的作用——正如许多例子所证明的，它们能够表达相同的信息。

本章试图检验两个假设：其一，在口头民间诗歌和民间艺术的装饰品中都有既定的信息；其二，在某些民间工艺品上可以找到的符号和象征应当承载能够用语言表达的意义。

本章将分析匈牙利民间诗歌中关于爱情主题的民歌，而另一种"文本"类型则是作为爱情象征的赠物。

另外，从理论上和方法上可以做一个总结：在科学探索中，两种不同的路径都是可能的。

1. 第一种路径，从某些理论基础出发，我们阐述一个定理，然后相应地在事实领域寻找证明该定理的现象（冥王星的发现既如此，事实上，推算其存在的公式是在发现它之前被提出来的）。

2. 根据第二种可能的路径，我们必须从事实出发，根据大量资料中相应的证据（或者可能存在差异），我们得出某种推论，找出它们显示的规律性。

两种路径都可以采纳，从理论上说，两种路径都能达到目的并取得成效。但是我们认为，选择后者似乎会更好一些，这样我们也许会避开以预设理论和错误假设选择性地使用资料的指摘。

二　民歌文本

1.

一朵花挺立在我的面前：

一株快乐的百合；

这是蝴蝶栖息的地方；

而我的生命，犹如这百合。

美丽的紫罗兰站在我的面前，

宛如我那玫瑰花般的美人伊莫拉；

那拥有温柔双眸的美人，

那可爱的紫罗兰。

2.

我把马拴在一棵红苹果树上；

我把心系在柔嫩的紫罗兰上。

在月亮升起时，我解下马的缰绳，

但是，我的爱人，

你与我结合在一起的纽带，

至死不松开。

3.

我依旧是我：

我是花丛中的玫瑰，

我发现了园丁的邪恶，

于是我在悲伤中枯萎。

4.

我会把塞格德大街犁起来，

播种红牡丹。

我会将自己种下去，成为一朵花，

爱我的人将会摘下来送给自己。

5.

五月盛开的花十分美丽，

订了婚的女孩要比它好看万倍。

你不是哪个母亲所生，

你在玫瑰树上长大；

出生在五旬节的黎明。

6.

两朵牡丹悬挂在街上；

它们想枯萎；

没人来采摘它们，

因为它们不是花园里的玫瑰。

但它们仍是玫瑰

它们依旧相爱！

7.

多漂亮的一对玫瑰花啊！

悬挂在街道上……

从我的怀中放开我的爱人，

摘下了一朵。

亲爱的，我不会再去采摘任何玫瑰，

因为我知道我也是一朵玫瑰。

亲爱的，到了星期天，

我会盛开在你的床上。

以上七首民谣中有什么共同之处？它们很容易辨识的元素是：用某种花表示心爱的女孩。有几种花经常出现：百合、紫罗兰、玫瑰（牡丹，实际上是玫瑰树），还有开花的树，还有"单朵的花"。无论我们将这些意象视为简单的明喻还是诗意的关联（转喻），从民歌的角度来看，花都代表女孩。

1.（一朵花挺立在我的面前：

一株快乐的百合；

······

美丽的紫罗兰站在我的面前，

宛如我那玫瑰花般的美人伊莫拉；

那拥有温柔双眸的美人······

或

3.（······我是花丛中的玫瑰······）

4.（······我会将自己种下去，成为一朵花······）

7.（多漂亮的一对玫瑰花啊！

······因为我知道我也是一朵玫瑰。

亲爱的，到了星期天，

我会盛开在你的床上。）

用"百合花"取代中性的"花"（一朵花），然后用伊莫拉（Imola）代替，这就清楚地表明两者的关联。更不用说如下这样的语言游戏了（关于民间传说中的语言游戏，见 Sherzer，1977；Hoppál，1980）：用"拥有温柔双眸的玫瑰"（字面意思是"玫瑰"，但是在匈牙利语中"玫瑰"还意味着"甜心""爱人""亲爱的"等）表示人，或者像花朵（*virág*）那样绚烂的女孩（*viruló*）。需要注意的是，这两个词 [*virág*（＝flower）和 *virul*（＝bloom）] 的语源可能是相同的（见图6-1）。

图6-1　匈牙利民间艺术中的"花——郁金香——女孩"图案

我们不必更深入地分析民间诗歌以寻求更多的资料，就可以说，女人（女孩）和花朵 [或者更普遍地说，植物、*virágszál*（"flower"的变体）、开花的树] 的统一性确实存在于匈牙利的民间诗歌中。

与民间诗歌情感表达完全不同的领域中另一个有趣的例子是押韵的墓志铭和碑文。例如：

她被埋在这个黑暗的坑里

我是阿塞贝特·康克茨，是我父母的花朵，

我成为忧伤的死者

（Péterfy，1977：144）

　　值得注意的是，除了这些文本还有一个事实：大致从 19 世纪开始，在为夭折的婴儿竖立的墓碑上（见图 6-2），雕刻着含苞待放的花朵图案，如郁金香的花苞，或其他的"生命之树"的象征图案。因此，符号"郁金香——花——树"构成了一个范式系列（Hoppál，1979a）。正如我们前面

图 6-2　墓碑和其上雕刻的有郁金香元素的图像

所看到的那样，这朵花可能是玫瑰、紫罗兰、百合花或郁金香（郁金香只存在于民间艺术的装饰品中），此类表现形式必须在民间艺术中才能找到。更确切地说，如果我们在装饰物上遇到某种植物或树状图像或花卉（例如郁金香）图像，那么它会与某种爱情象征有关。正因为如此，我们应该注意"造型精美之物"（Hofer – Fél，1979），以便对它们的装饰图案进行反复检查，看看沉默之物是否会打破沉默，那些刻在它们上面的符号是否会言说，因为在匈牙利的民间艺术中，这些装饰的确有着自己的语言。

三 爱情象征

每个民族都有自己的民族语言，也拥有独特的非口头语言形式（见图6 – 3）。毫无疑问，非口语的符码类型之一是由手工制作的彩绘雕刻，属于民间艺术（另一个领域则涵盖运动、姿势和舞蹈）。不同文化符码（或符号系统）与自然语言的相似之处是民族符号学分析的理论和方法论的坚实起点。

图 6 – 3　树之生命母题的爱情象征（布艺品）

匈牙利民间艺术的研究者对《匈牙利民族志》（*Magyarság Néprajza*）非常感兴趣。它是匈牙利第一本重要的民族志文集，其中如是说："这些要素形成在时空上分布极其广泛、极其多样化的装饰模式和相当多的装饰图案的组合——它们的分布如此广泛，以至于无法分类。然而，它们的实际数量比粗略估计的数量要小得多。这幅画与自然语言有相似之处。在自然语言中，最小的组成元素的数量，即语音的数量，是相对有限的；然而，有限的声音序列通过少数几个要素的音位变化，形成上百种语言，产生无数的词语……从前，这些史诗般的传统被认为是一片无边无际的、难以穿越的原始森林，然而，经过不懈的研究和整理，浩繁的材料已被归类为相对较少并易于进行总体研究的一系列类型，其中大部分已经确定了主题。民间艺术品上的装饰物在将来也是如此。"（Viski，1942：332）

加波·鲁克（Gábor Lükö）进一步发展了这样的思想。他在 20 世纪 40 年代所写的书中提出了许多宝贵的观点："通过对民间艺术、民间诗歌和民间音乐进行同等的考查，我们发现了三个问题。拿语言来类比，它们具有语义、句法和语音的特性。艺术的意义总是具有象征性和普遍性，但它建立在符号（文字或图片）的原始意义之上。如果我们想深入了解匈牙利民间艺术的象征体系，就必须剖析这两者的关系。象征之间的关系形成了艺术的句法问题，而它们的技术阐述则与语言的语音问题有着密切关系。我们无法单独从语音学会一门外语。如果想要理解它们，我们就必须熟悉它们的语法和语义。"（Lükö，1942：5 - 6）

与前者在本质上一致的思想也被当今的几个研究者概念化了。"……我见过几个物品，"卡洛里·克斯（Károly Kós）写道，"人们采用强度大的特兰西瓦尼亚材料在家中制作，将其作为礼物、纪念的象征，或是爱的象征。这些物品的主要属性表现了人际关系，也表现了一个事实：其中的每个物品都想'说出'某些事情。这些物品大部分与个人生活中有某种意义的事件联系在一起。雕刻的纺纱杆、轧布机、搅拌器和锄头清洁器等都表明年轻未婚男子的诚意，而绣花手帕是女孩的还礼。这是在公共礼仪和制度化的符号系统限制之下的民间爱情艺术。"（Kós，1972：

210）如此详细地引用这些陈述，首先是因为我们完全同意这些观点；其次，因为它们证明，简单的事实也使非符号学领域的学者形成了符号学的观念，在这些现象最为明显的文化领域中尤为如此。

具有这种符号特征的传统民间文化的一部分，是所谓的"爱情信物"的一组对象。在古代，男孩向女孩赠送作为礼物的东西，也就是现在我们讨论的符号。我们将仔细检视男孩送给女孩的礼物——滚动轧布机和洗衣棒上的装饰（见图6-4）。

图6-4　带有郁金香图案的爱情象征

一个爱情信物"想要说"的有意义的信息是什么？在爱情的概念域内，其本质并没有太多变化——尽管如此，正如民歌的例子所表明的，我们仍可以用一千种不同的方式来将相同的思想概念化。我们可能会假设这样的内容:"我爱你"或"我会爱你……"这些内容包含爱的两个最基本的要素:男人和女人,或我和你。因此,我们假设这两个元素的集合一定也出现在图形符号中。

现在让我们离开假设——言语的和逻辑的预设,转向物,或者更确切地说,转向雕刻在物上的象征。在对匈牙利的众多博物馆中展出的几百个轧布机和洗衣棒进行检视之后,我们注意到不同的装饰图案中有两种——郁金香和心形——通常同时出现在一件物品上。我们由此认为,这两个"象征"凭借其内部关联,可能是一个有意义的信息之载体。郁金香是一种花朵,根据民歌的特点,我们怀疑它象征女孩;因此我们别无选择,只能假定心形象征男孩。它们同时出现可能会引入一些内容:男孩和女孩在一起;我+你=亲密无间,就是"我愿和你在一起",或者以更温和的方式说"我爱你"。对于爱情象征来说,这是信息包含的不言自明的意义,它比象征性更加自然。

对象征、装饰物或装饰图案进行汇编,这是民间艺术学者要进一步进行的工作。然后,我们将检查一组装饰图案是否真的包括郁金香和心形图案。这里我们可以引用卡洛里·克斯的研究,他以在罗马尼亚的特兰西瓦尼亚地区收集的材料为基础,编制了一个雕刻在木头上的符号的词库(Kós,1972:213)。在此列举的图案是:心形、三枚李子核、三瓣的郁金香及带有李子核的郁金香。这种描绘的奇特之处在于,当人们将心形与"郁金香"结合时,图案的设计就变成了带有李子核的郁金香(见图6-5,左上)(在特兰西瓦尼亚的匈牙利人中,李子核具有男性的性别内涵是众所周知的)。就郁金香的名称而言,它表示由两个S形成的符号,其中一个倒转过来,两个S互相支撑。这个符号与花朵的像似性很弱,可以被认为是一个真正的规约象征。在加洛塔西格地区(Kalotaszeg)的一个大门上也能看到同样的两个图案同时出现,它近乎表明,这样的两个符号之结合不只出现在爱情礼物中。

在匈牙利民间艺术的第一批综合性著作之一中,马洛尼伊(Dezsõ Malonyai)展示了"马戈亚-瓦尔科(Magyar-Valkó)地区米霍茨牧师的储

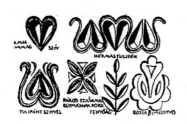

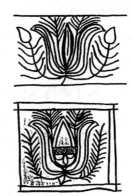

图6-5　带心形图案的郁金香

物柜上的彩绘装饰品"，"他自己根据传统图案绘制" ［Malonyai，1907
（Ⅰ）：165］。他在每个装饰图案下方刻上了名称："*szekfüs*""*rózsás*"，最后
一个清晰的心形图案下面写着"*tökös*"（匈牙利语中的"tök"的意思是
"西葫芦"、"番瓜"、"葫芦"或"南瓜"，但在普通语言中它也可以象征
性地指睾丸，见图6-6）。

　　无须多说，通过认真研究萨格勒布（Zagreb）博物馆的其中一件雕刻
作品，我们就能真正理解这些名称所指。很明显，这幅画描绘了一对夫
妇：一个大肚子的女人，一个双腿之间有"心形"的男人（Moszynski，
1929：851，图71）。这个"心形"的尖端朝上，就和雕刻在匈牙利民间艺
术品上作为爱情象征的"郁金香"形状一样。我们在匈牙利佩琪美术馆收
藏的洗衣棒上，找到了与南斯拉夫地区洗衣棒上的图像的相似之处。在该

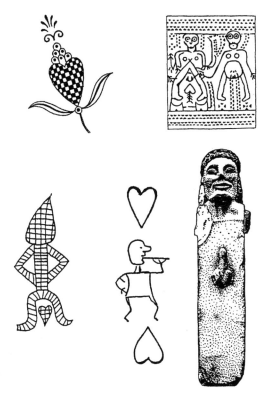

图 6 – 6 心形作为阴茎和睾丸的象征

美术馆的另一个洗衣棒上发现了同样的心形图。

在神话思维中，或者说在与自然关系更密切的思维方式中，可以找到普遍的符号对立（男—女、左—右、太阳—月亮、金—银、亮—暗、上—下，Hoppál，1976：190），这也是民间（农民）艺术的某些产物的特征。

四 关于像似性

在皮尔斯和莫里斯的经典符号学概念中，有三种主要符号类型：指示符、像似符和规约符（Morris，1971）。在这三种符号中，按照经典定义像似符是具有与物体相似之处的符号——正如它的名称所表明的那样，它是一个图像，也就是说，符号本身也类似于它所代表的现实的一部分。因此，与以完全任意的方式选择的符号截然不同，就意图和目的而言，像似符都是个"程度问题"（参见 Sebeok，1976）。艾柯反对这种思想流派，他置疑像似符与现实相似，他认为像似符是通过文化编码形成的（Eco，1976：191）。他指出，像似符成立的先决条件是存在一些可识别的文化符码，基于这些文化符码，在不同的文化中，基于某些特殊性被认为是有益的各种物体被识别出来，也就是说，意义是对基于规约记录的特征的认识，并得到整个群体的辨识。

从前文可以看出，即使是基于相似性的像似符号，其使用、理解和具体化（形成），都是建立在对由文化所确定的规范之使用的基础之上的。也就是说，即使是面对图像，我们也会通过在思想中形成"文化预设"（Hoppál，1980）而进行交流。"文化预设"决定着哪些对，哪些不对；在图像的非口语语言中，哪些能被"讨论"，哪些不能被"讨论"。

这一系列问题使我们转向另一组重要的问题，这些问题与我们讨论的主题密切相关。值得注意的是，有争议的是那些遍布在特定社群日常行为中基于文化所接收的信仰体系。这种以严格控制为特征的日常行为领域是性禁忌、性象征的图像再现领域。

谈到淫秽概念，萨姆纳（W. G. Sumner）在其民族学著作中恰当地指出，我们实际的刻板印象完全扭曲了这些符号的原始使用形象。正是因为它们的禁忌性质，人们很难认识其含义，尽管这并非构成关键问题的因素，因为其实质正如萨姆纳所写的："习俗可以约束任何东西……不存在'自然的'普遍的本能，即，如果某些事情与本能相悖，则本能可以被定义为淫秽。由此可见，我们认为淫秽的东西在其他地方和其他时期并不被认为如此，就像我们不认为裸露脸或手（或腿）是淫秽的。但根据某个古老的习俗，此类行为曾被宣布为淫秽，现在该习俗已经被另一种习俗所掩盖。"（Sumner，1978：377）

民间艺术，无论是表现在口头上还是图像上，都比我们今天所概括的要直白得多。其原因有几个，其中不言自明的是民间艺术是对自然的亲近，对"自然象征"明显的使用（Douglas，1970）。更确切地说，自然象征是以像似符号形式（如心形和郁金香或百合的图像）存在的。另一个原因是历史性的，即百合是纯洁的象征——特别是在中世纪的肖像学中，它是女贞观念的象征 [Cirlot，1971 – 1972：188；Chevallier – Gheerbrant，1974（Ⅲ）：136 – 137]。在 20 世纪，心形则与爱情的象征意义密切相关（Cirlot，1971 – 1972：142；Guiraud，1978：232）。

五　视觉文本理论与结束语

我们的研究涉及了一小部分物品的装饰，即滚动轧布机和洗衣棒上的装饰，它们也被用作爱情的象征。可以说，郁金香或百合花图案与心形的并置传递了"爱"的信息，即这两个符号的组合传达了有意义的内容。换言之，这也说明了我们必须制造"形式美好"的符号组合，它们在（非口语或视觉的）符号语言之语法上具有"语法的"正确性（见图 6 – 7）。

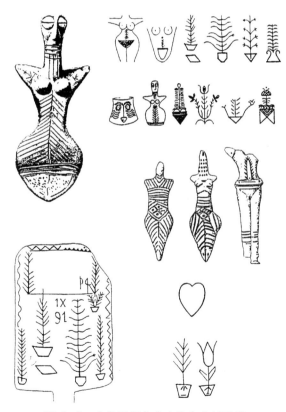

图 6 – 7　古代民间艺术中生命之树图案

现在，可以提出这样一个问题，即这两个符号的不断或频繁组合是否可能出现在诗与性的语境之外呢？毫无疑问，这种与语境无关的使用将表明这两个符号的组合具有或可能具有系统构建功能。可以肯定的是，在各种民间艺术出版物中，我们可以找到数量众多、种类各异的物品，郁金香和心形在这些物品的图案中总是相互关联的（参见 Hofer – Fél，1979：图 212 – 215，图 315）。事实上，这两个象征的并置并不受限于制造这些物品的材料，这说明，它们在图像表现形式背后的预设体中已经具有重要的、中心的意义。郁金香和心形出现在教堂穹顶的彩绘中、古老的刺绣上、盐架上、用羊角制成的剃须刀盒上、匈牙利牧民精致的长鞭上和琉璃瓦上；而且，这两个符号的组合与"生命之树"的象征交替（或总是融入后者）。通过反复与搜集到的其他材料相比较，我们推断，在研究过程中推论的"爱和繁殖力"的概念域（见图 6 – 8）归根到底与"生命之树"并无大的差异。

图 6 – 8　郁金香作为女性的性象征

我们可能会采用比较的方法，将范围扩大到匈牙利境外的物品，进一步讨论这些物品的相似特征。迄今为止，根据调查研究的结果，我们可以说，在与我们毗邻的所有国家的民间艺术中，其装饰物上或多或少都有与郁金香和心形的符号组合相当的图案。所有一切都表明，这并非匈牙利的"民族特色"，而是对更通用的"自然符号"的使用。

除了对引言中论及的多种符码之使用外，各种文化得以持久的原因是，它们同时使用类比和数字类型的编码，或者更准确地说，它们将这二者交替使用。书写和言语是以数字的方式编码的，图像（和情感）则以类似的方式编码进我们的思想。因此，以不同方式"转录"的文本可以一次又一次地从一种语言传递（或翻译）到另一种语言；换言之，这些类型，即民俗的符码，在人们的头脑中相互交织、相互渗透，过去存在，现在仍然存在，只有研究才能"解开"。

我们深信，我们已经发现匈牙利民间艺术语言中的两个符号，对其意义我们拥有确切的认识，这一发现意义重大，影响深远，因为在未来它将使我们有可能识别越来越新的符号（象征或其他图像）之表意。要解释视觉或图像语言的古代象征并不是一件容易的事，但我们进一步的目标是：仔细地按要素去理解可比较的（或者更确切地说，相同的）构成，从而为其写出或编制出更新的系列范式。这些工作将对视觉文本理论的发展做出巨大贡献。这种对范式的不断探索（在未来将有人对该行为进行归类），我以"范式人类学"（*paradigmatic anthropology*）这一新术语来对其加以描述。

第七章

一场乡村婚礼的符号学分析

婚礼是社会上最为盛大的习俗之一。从民族志研究出现以来，就有大量对这一在人类的生活中起着至关重要作用的民俗所进行的有价值的考察。

婚礼作为一种民间习俗，它一直以来都是，在将来也仍然是社会各个阶层重大的"社交事件"（Toelken，1979），因此，对它的符号学分析可能有特别的启发性。仪式是制度化的规范的表达，社群经常借此检验其所接受的文化模式。婚礼，无论是在外部还是内部构成上，都可以被看作节日活动的典型代表，它使经常使用的符号和符号系统更为引人注目。该习俗展示了社群同时使用的各种符号系统，这也是我们选择它作为研究对象的原因之一。

早在1943年，伊娃·普茨（Eva Putz）在其著作《科隆尼的婚礼》（*A Kolonyi Lagzi*）中就认识到婚礼的符号特征。从其如下结论中我们看到一个成熟的、照现在的标准来看也是正确的符号学路径。

婚礼本身作为一种综合现象，揭示和代表了某种意义，所以它本质上就是一个符号。作为符号，它的使命或功能就是表达、表示或代替某物。这种类型的符号可以是简单的，也可以是由多种元素组成的内部结构丰富的符号……婚礼符号表示、代表或表达三种现实：生物现实、社会现实和艺术现实。作为一个生物学符号，婚礼表示家庭在生物学上得到加强，男孩或女孩即将结婚；标志着家庭新的生物学意义上的繁荣和强化的开始。婚礼，作为一种社会符号，表明了举办婚礼的家庭（大农场主、小农、佃农、外来定居者）的社会地位、经济实力等（从来宾及其人数、服饰、音乐、婚礼用品的总花费上来看）。最后，婚礼表明了举办婚礼家庭的艺术和音乐技巧和能力。

[……] 婚礼的艺术功能也是多向的。通过艺术表演、运动、音乐，以及概括讲，通过婚礼上唤起艺术感受的、非同寻常的人物，婚礼试图让社群的人们铭记：这是一个法律行为的记忆，是生命的重要事件。婚礼为人类原始艺术的本能表现和内在需要的表达提供了机会。它的美丽和它非凡的影响，鼓舞着人们纷纷效仿。

婚礼作为一个复杂的艺术现实，展示了一个宏伟的结构和丰富的元素库。符号元素构成较小的系统，并且这些组成部分的统一提供了整个元素库。

这些组成系统由运动、角色以及音乐、仪式、法律和实体物品等来表示。（Putz，1943：13 - 17）

我们之所以大段地引用普茨（她不幸英年早逝）的著作，是因为它包含了民族符号学分析的程序。普茨清楚地知道在分析婚礼时应该集中在哪些元素上，她辨认出了各种类型的符号。她认识到婚礼是社会交流的实现，在这一交流中，不同的符号或"符号元素"共同运作，并构成不同的子系统。至少四分之一世纪之后，同样的研究路径才出现在俄罗斯符号学研究中（"符码层级"，Uspensky，et al.，1973）。她还认识到习俗中的实用元素（"婚礼符号"）——婚礼——反映村庄社会现实的方式，和社群使用这一复杂符号系列的目的和方式。令人遗憾的是，这些理论发现和概念本身几十年来一直被遗忘，直到 20 世纪 70 年代晚期才重新出现，在民俗研究中又一次处于显著位置。

　　过去几十年来学者们撰写并出版了大量非常有价值的关于婚礼的研究成果。匈牙利婚礼研究的新篇章是从一场会议的召开开始的，学者们在这个会议上宣读了约50篇论文，这些论文分别检视了婚礼仪式、民族关系以及符号体系的各种方面、元素和地域差异（Novák – Ujváry，1983）。一些论文不仅记录事实，还指出了符号特征的重要性。其中一个发人深省的观点是，在通过仪式（包括婚礼）的中间阶段，在边界状态，以象征性的方式来处理象征性的行为和情形的情况受到了强调，事实上，正是这一点变得尤为常见。

　　在此，必须提到费伦茨·巴科（Ferenc Bakó）集中探讨农民婚礼的一部著作（Bakó，1987），这是传统的文化人类学研究的一部杰出的代表作。作者在书中总结了30多年的经验。在论述方法方面，有一点值得注意的是，他提供了对旧式婚礼（一种持续数日的社交活动）的主要元素进行形式描述的方式（见图7 – 1 ~ 7 – 4）。

图7 – 1　婚礼的准备工作 ［所有的照片都是由 K. 巴林特
（K. Bálint，1974）拍摄］

图 7 - 2 制作面条

图 7 - 3 熬制鸡肉汤

图 7 - 4 亲戚们带着礼物参加婚礼

本部分将讨论匈牙利东北部一个村庄的婚礼。当然，我们的分析无法与民俗专著中丰富的资料相提并论，所给出的描述也会相对粗略，旨在呈现使该习俗变得生动有趣的符码。从不同的文化符号系统的序列可追踪仪式的句法,而将文化习语并置,就能看到一个社交仪式总是在同一时间使用几种符码。通过对菜单和座位顺序的分析,我们将试图揭示典型的婚宴结构,从而展示其隐含的意义。

该描述基于一部人类学纪录片,纪录片的本质决定了它对现实中的事件进行了压缩性再现。因此,它是原始事件的模型,是习俗的模型。较早的民族志描述是基于观察者-研究人员的口头报告撰写的;在这里,记录在电影胶片上的"描述"是分析的基础,它使人们将来可以对语言描述进行检验,并且可以根据新的或不同的标准对其加以分析(见图 7-5、7-6)。

图 7-5　礼物和糖果堆放在一个房间里

1974 年春天,我们在位于匈牙利北部的基什泰赖涅(Kisterenye)村庄拍摄人类学电影,主要目的是真实地记录事件的进展情况。我们所记录的一个婚礼很典型地混合了古老的民间习俗和一些新元素,比如有传统的民族服饰,但是也会看到迷你裙;人在"跳过火堆"之后被赋予神奇的力量,黎明时分喝醉的人的换装仪式(男人穿上女装);齐特琴旁边还有一个电子风琴;古老的民族歌曲之后紧跟着时尚的流行歌曲。

图 7 - 6 新娘特别的头饰摆放在客房

下面我们根据电影回顾一下婚礼的一些亮点。由此出现的"剧情"也能共同揭示这一民俗中最重要的事件的顺序。而婚礼中较大的事件单元与包含连贯片段的电影单元一致。

描述的同时进行解释的出发点在于，在特定事件的过程中，人们总会看到不同的符码起主导作用。歌曲、舞蹈和演说交替出现；有时占据中心舞台的是食物，有时是服装；换句话说，这些是文化信息中最重要部分的载体——当然不是单独的，而总是相辅相成的。

我们相信这种方法有助于人们理解在整个婚礼中事件的作用。

婚礼中的事件如下。

每个传统的农民婚礼的第一个阶段——实际上是在所有其他阶段之前的阶段——是邀请（*hivogatás*）。邀请除了向社群所表现的姿态之外，其言语符码也是首要的。

在院子里搭建帐篷，塑造了将作为事件主要部分活动地点的空间。

在婚礼前一天，妇女们烘焙 *kalács*（一种奶油面包或牛奶面包）；晚上，她们揉面做面条用来煮汤。男人们杀猪，而女人们则清洗做肉汤的家禽肉。除了赋予食品符码核心作用，在晚上准备面食也为妇女们

提供了一起纵情歌唱和狂欢、一起畅饮的好时机。(见图 7-1~7-3)

在这里，通过挑出主要的对比元素进行分析，我们将提出一些观点，以重点说明与婚礼相关的习俗事件的象征意义。

鉴于这些场合会有大量的客人，婚礼的准备主要指准备食物。象征生育能力的法式奶油面包或牛奶面包由妇女制作，并在院子里烘焙。另一类重要的食物是用面粉和大量鸡蛋（同样也是生育能力的象征）制成的做汤用的面条。人们晚上在屋子里制作面条，然后煮熟。根据风俗，人们按照烘焙与水煮、屋外与屋内、晚上与清晨的对立来组织相应的食物准备工作（见图 7-1~7-4）。

在准备肉食方面，我们也发现了明显的对立：杀猪是男人的工作——他们为炸肉提供了原材料；煮家禽肉的准备工作则由女人负责。同样有意思的是，带什么样的礼物也很讲究：近亲往往在婚礼的前一天带来食品原料作为礼物，如鸡蛋、面粉、鸡。其他受邀的客人，当他们来到举行婚礼的人家时，只需要带上蛋糕或酒。一般而言，近亲更多带肉类作为礼物，熟人和朋友更多带甜点作为礼物（见图 7-4）。

新娘的床和枕头被搬到新郎的房子里，作为新婚之夜"主角"之一的床早已铺好。床、枕头和箱子（近年来还包括房间里的其他家具）的摆设也做了设计，以展现即将结婚的这对年轻人的经济实力。这是物的"语言"。

婚礼当天早晨，人们在院子和厨房里准备好新娘的婚纱及其装饰。大约 10 点钟，一位老妇人到来，她和另外两名中年妇女一起帮着新娘穿婚纱，确保传统服饰的每一个细节——尤其是新娘的花环和迷迭香——都"各安其位"。

人们早晨的工作是准备食物，中午前这段时间事件的高潮就是打扮新娘，也就是说，服装的符码是人们关注的焦点。更具体地说，其中最值得注意的是做头饰——给新娘戴上象征贞节的花环，以及插迷迭香——将象征躲开恶魔之眼的迷迭香插到婚纱上（见图７-７~７-９）。婚礼的一个基本特征就是表现从一种状态或社会地位向另一种状态、从少女到少妇转变

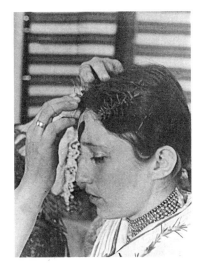 

图７-７　迷迭香保护着新娘　　　　图７-８　打扮新娘的最后阶段

图７-９　戴上整套头饰的新娘准备参加婚礼

的方式，这就解释了新娘反复更换服饰所起的关键作用；因为外部属性是表明这些变化的一个非常方便的工具。当然，所有被邀请的客人都穿着节日服装，而站在门外的那些不请自来的客人则穿着朴素的日常服装。

中午时分，第一批客人抵达。女人们带来了蛋糕，男人们每人带来一瓶酒（见图7-10）。

图7-10　受邀嘉宾带来蛋糕

来参加婚礼的客人停在门外。伴郎（võfény，见图7-11）作为婚礼仪式的主持人，以韵律诗的声调请求开门。新娘的母亲在大门内应答，然后向客人散蛋糕。

在院子里，那些在婚礼上担任职务的人，或是这对年轻人的近亲，都被贴上"billing"的标志——这是事先为受邀客人准备的特殊符号。

下午的第一件事是新娘提要求，然后是新娘告别，所有内容都以韵文的形式，由伴郎吟诵。

图 7 – 11　伴郎会带一个特别的木棒作为角色的象征

新娘告别了兄弟姐妹和父母，她的告别过程充满着真挚的情感要素。

婚礼的游行队伍在门口以某种顺序排好。在去镇公所的路上，队伍由新郎和伴娘（新郎的一个堂妹）带领，而新娘则由伴郎之一护送。

在婚礼游行队伍中有人带着公鸡。为了让每个人都可以看到，带着公鸡的女士会不时地将它高高举起。另一个女士则把奶油吐司切片散给路边的旁观者（见图 7 – 12 ～ 7 – 15）。

婚礼游行也是多个符码并置的好例子：奏乐、唱歌、运动，甚至跳舞和节日礼服等符码同时出现。更重要的是，婚礼游行队伍的构成似乎呈现一种空间关系结构。游行队伍的构成因地区而异。在基什泰赖涅地区的婚礼

图 7 - 12　婚礼游行队伍中的近亲

图 7 - 13　婚礼游行队伍中的当地民间舞蹈团成员

图 7 - 14	图 7 - 15
一位女士举起象征生育力的公鸡	向人们散发奶油吐司

游行队伍中，正如帕洛茨（Palots）地区的普遍习俗一样，亲戚们排成队跟着伴郎和伴娘。队伍的顺序由亲属关系决定，即人们的社会地位由空间距离表示。在婚礼游行中值得注意的细节是两种礼物分发的姿势。首先是向不属于游行队伍的人——站在两边的旁观者——散发奶油吐司。在前往镇公所的路上，一位年长的女士担当此任，很负责地分发着奶油吐司。她与抱着公鸡的女士一样，也是所谓的"孔雀"（Páva）圈的成员；她们两位都在年轻时见证和参与过这种活动。另一种姿势是在正式婚礼之后做出的。当队伍启程返回时，新娘朝人群中抛出小袋的糖果。游行队伍中的公鸡是一个清晰的性或生育的符号，这大概是来自古代的记忆。

在登记处，新郎新娘、证婚人和亲戚们在婚礼进行曲中列队入场。正式的结婚仪式结束后，新娘向外面等候的人散发糖果。

返途的游行队伍在家门口受到新郎教父的迎接，他拿着沾满蜂蜜的面包问新郎："你带来了什么：一只蜜蜂还是一只黄蜂？"新郎回答："一只蜜蜂。"

图 7 – 16　新娘新郎与他们的父母

图 7 – 17　正式仪式结束后新娘和新郎在返途中

"好吧，如果你带了一只蜜蜂，你可以进来；但如果你带了一只黄蜂，你最好飞出去。"于是新婚夫妇咬一口沾满蜂蜜的面包。

值得注意的是，食品符码以糖果的形式出现在两个系列事件的结尾。在这里，基于类比魔法原理的概念框架运用了一系列营造令人愉快的效果的象征——通过对事件的操控使其向积极的方向发展。设计问答游戏则希望新郎将像蜜蜂一样勤劳的女人而不是有毒针的黄蜂带回家。沾满蜂蜜的面包也代表着新婚夫妇将开启进入甜蜜新生活的大门，也是家的大门。

受邀的客人站在门外，新娘为他们敬上蛋糕（图7-18），新郎则为他们敬上葡萄酒。

与此同时，舞蹈在庭院内开始：妇女们围着小圈子唱歌跳舞。

图7-18 新娘为未受到邀请的宾客敬上糕点和饮料

在这里，我们必须特别提到婚礼的空间关系（Hall，1959，1975，

1977），因为婚礼习俗中一个重要而不变的伴生现象就是对空间的使用。因此，特定的行为交替地出现在房子内外，在庭院中，甚至在街道上，这些空间由大门与仍然属于屋子的内部空间隔开。因此，不邀而至的宾客总是站在门外（图7-19）；当他们在婚礼结束后跟随婚礼队伍回到新人的新房时也停在门外。门，或者进而言之门阶，都显而易见成了界线；因此它享有某种外部性。我们可以说，根据婚礼习俗的空间结构，通过一系列的位置变化，我们可以对婚礼事件进行根本性的描述。事实上，只有在仪式举行期间，空间的模塑功能才以下述的对立方式获得意义：

图7-19　未受到邀请的人站在街道上

里面——外面

移动的——一动不动的

（跳舞）——（站立）

被邀请的——未被邀请的

在院子里——在街道上

这些对立表明，在仪式的空间结构中，总有中心空间和外围空间的区分。从整个仪式的角度而言，我们能看到具有不同社会地位的群体、不同类型的行为、不同的物和事件，它们具有不同程度的重要性。

　　大约晚上 7 点，许多名为"hérész"的客人来到。他们是新娘家的亲戚，他们带来了礼物，并把这些礼物堆在房子的一个里屋。

礼物作为用物之语言表达的"信息"，显然是该群体带来的最重要元素（新娘的亲戚集体前来参加婚礼）。礼物赠送作为一种姿势，是婚礼中重要且常见的事件；因此，通过详细列出礼物，我们试图更详细地描述婚礼物理符号的子系统，这是很有意思的（见图 7-20）。

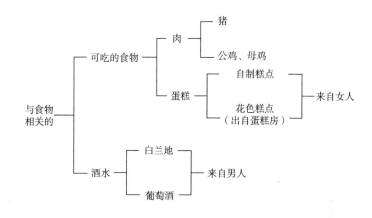

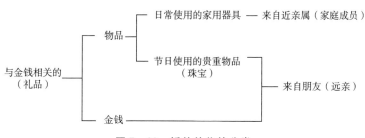

图 7-20　婚礼礼物的分类

　　我们观察到，新娘亲戚团的成员——她的近亲——带来大小不一的居家必备物品。在婚礼中，作为礼物的物品经历了价值象征意义上的上升，因为它们与特定的人相联系；而不带个人情感色彩的礼金则变得没那么重要。同样，时间停止了（不重要了），而空间的价值上升了，空间变得富有意义。新娘和她的家人会从婚礼的其他参与者那里收到礼金，用其置办大件家用品（如冰箱、电视和洗衣机）。礼物的分量和价值取决于亲属关系的远近和友谊的亲密程度；在这种形式下，亲属关系纽带的维系被再生产出来。除此之外，礼物还维持了社群的社交关系功能。

　　婚宴开始得较晚，大约在晚上9点。人们在院子里的一个帐篷下面放上桌子和长凳，安排可以容纳百余人的空间。座位的顺序需要特别注意。

　　婚宴也是文化元素多元化的一个很好的例子，各种符码同时存在，总有一个在某一时刻占据主导地位。正是这种从符码到符码的不断切换，成就了民间仪式事件结构的特征——可以将其比喻为独特的生命脉博的跳动。在晚餐期间，食品符码自然处于首要地位；但是，在每道菜开始之前，会朗诵开场白——伴郎从书中摘抄下来并记熟的韵文。因此，饮食的过程伴随着语言文本。所有的婚礼食物都可以用以下几个鲜明特征来描述：

　　　　生的或煮熟的——油炸的

　　　　原材料来自植物——原材料来自动物

　　　　甜——咸

　　　　液体——固体

　　　　人人都可以吃——仅新婚夫妇可以吃

　　在酒水中，我们看到以下类别：

　　　　烈酒——非酒精饮料

　　　　浓的——淡的

　　　　蒸馏的（白兰地）——发酵的（红酒，啤酒）

　　　　男士可以喝——女士可以喝

　　　　自制的——在商店买的

　　　　涩的——甜的

　　昂贵的——便宜的

　　除了食物和酒水（食品符码）及语言符码，还有音乐的符码。此外，婚宴上的座位顺序总是具有重要意义的载体，它是对空间的象征性使用（见图 7 - 21）。当然，婚宴的主座分配给婚礼的主要人物和最尊贵的客人，关系稍远的亲戚、朋友和熟人坐在主座的稍远处。即使在现在，座位顺序的规范和象征意义也没有减弱，因为日常实践再生产了这些模式。从观察可知，亲属关系程度也与习俗约定的或预期的礼物之价值成正比；也就是说，在这里我们可以看出同源结构发挥着功能。

图 7 - 21　新郎新娘和他们的父母坐在主桌

　　晚餐结束后，大约在半夜，一位伴郎会邀请客人参加新娘的舞会。另一位伴郎拿出一个篮子或大碗，与新娘跳舞的人需要向里面扔钱。伴郎高声叫着："卖新娘了！"于是所有人轮流和新娘一起跳舞，每个人都为跳几步舞付出相应的金额，直到伴郎再一次叫卖（见图 7 - 22）。每次付款至少 500 福林，通常会高至 1000 福林。在大家的注视下，希望与新娘跳舞的人必须用夸张的动作把这些钱扔进碗里。舞蹈结束后，这位年轻的丈夫抢走他的妻子，把她抱在怀里，可以说是"拐走"了她。新郎把新娘带进屋子，之后，新娘会重新出场，她的头发挽成一个发髻——这是已婚妇女的发型，作为妇女的特殊象征。

图 7 - 22　卖新娘

在跳舞的过程中，向新娘请舞需要注意的是亲属关系的远近，即近亲先跳，然后是较远的亲属（见图 7 - 23）。其他的受邀嘉宾排在后面。在婚礼中，礼金和其他物质性的礼物——作为物品符码的呈现物——占据了重要位置；但与此同时，作为运动符码之一的舞蹈也变得重要。

最后，丈夫把新娘从狂欢的节奏中拉出来，这绝不是偶然的，因为在此之后，她必须脱下白色婚纱，换成另一种礼服，把头发挽成发髻，头上裹着头巾出现在众人面前，此时，她已变成一个已婚的女人。着装符码的变化表明了其社会地位的变化。这一变化如以下对立项所示：

图 7 - 23 新娘和她的教母正在跳舞

图 7 - 24 新娘与来宾跳舞

新娘——已婚女人

白色婚纱——有红点的结婚礼服

头发垂下——把头发挽成发髻

穿上盛装——脱下盛装

房子外面——房子里面

与每个人一起——仅与丈夫一起

处女——已婚妇女

揭示帕洛茨地区婚礼的另一个神秘元素是"跳火堆"（图 7-25~7-26）。

图 7-25 围绕着火堆转圈　　　　　图 7-26 跳火堆

午夜过后，新娘的教父把这位穿着新婚衣服的新娘领出家门，向客人们宣布："处女群体失去一名成员，已婚妇女群体收获一名新成员。"之后，新娘和另外一位年长的男士跳起舞来，他们把她带到大门外堆起的稻草火堆旁，他们围着火堆唱了三遍，新娘还必须跳过火堆。

在 50 年前收集的资料记录了这一点："他们用烟熏新娘子，除掉她的姑娘味儿。"鉴于上述描述，我们认为，这表明，与客人"接触"（由金钱补偿的接触）带来的不洁和气味必须通过火的净化来消除。这一运动符码的"习语"所传达的象征行为的重要性在于，年轻女性被属于房屋范畴但放置在房屋范畴之外的火焰所净化。由此，她可以以纯洁的状态进入婚姻。

　　黎明时分，随着白昼的到来人们迎来了婚礼的最后两个阶段。其中之一就是偷枕头——醉醺醺的伴郎从婚床上偷走枕头，带到当地的酒馆。新郎和新娘必须花一笔钱来赎回枕头，而狂欢到黎明的客人马上把这笔钱花在了买酒上。

　　一群男女穿着花哨的衣服、乘着驴车来到当地的小酒馆。一些男女交换了衣服，男人打扮成女人模样，女人打扮成男人模样。其中一名穿着女士服装的男子正紧紧抱着卷在枕头里的洋娃娃；其他人则在对方头上打碎鸡蛋。婚礼在天已大亮的时候接近尾声，而这一醉酒狂欢的氛围标志着婚礼的结束（图7-27）。

图7-27　驴车上的换装男女

图 7 - 28 哑剧演员在当地酒馆的入口

在婚礼当日的早上，把枕头转移到新人未来的居住地，这是重要的（象征性的）仪式元素。与此相对的是，人们要么在婚礼的晚上要么在次日凌晨时分偷走枕头。这些枕头的装饰和数量（以前，婚床上有九个枕头）表明了它们的特殊作用；它们可能象征着年轻夫妇的生育能力，我们下此结论并不会有失偏颇。

这里让我们看看利奇（Edmund Leach）的观点——他试图建立节日仪式事件的一般"语法"。他认为，每个节日习俗都由四个主要部分组成：1. 神圣化；2. 边缘位置；3. 再生个体的世俗化；4. 回到世俗生活（Leach，1976：78）。通过将婚礼的时间和空间结构投影到彼此之上，并用其他符码来补充，我们发现通常所假设的事件结构在匈牙利的民族学材料中也是显而易见的，特别是在基什泰赖涅地区的材料中更加明显。我们将这四个阶段分解如下。第一个阶段是中午前。新娘在家打扮，为婚礼做神圣的准备，纯白色的婚纱象征着这一阶段的状态。第二个阶段，即边缘位置，是下午她离开父母家——在去公共场所（教堂或登记处）的路上，

图 7 - 29　伴郎宣布：酒水免费

然后是在登记处（或教堂）举行"启悟"（initiation）仪式——结婚仪式，标志着她的社会地位发生了变化。在仪式事件中，对道路、大门和门阶的这些"过渡地方"的强调并非偶然。第三个阶段是对整个过程的世俗化，该阶段从舞蹈开始，持续到宴会，在跳火堆活动中达到高潮。正是在这一系列事件中，具有净化能力的火焰的仪式隐喻获得了真正的意义。这个类似巫术的行为于午夜在房子附近、庭院外的空间进行（见表 7 - 1）。

表 7 - 1

	时间	地　点	符　码
神圣化	中午	教堂	婚纱（喜庆的白色长裙）
边缘化	下午	街道上的公共空间	长久的空间关系
世俗化/重生/复苏	午夜	屋内/屋外私人空间	跳舞、跳火堆
回归日常	黎明	在外面的公共空间/在街道上/在酒馆里	日常服装、换装活动

最后，即第四个阶段，是仪式的神圣性的逐渐终止。婚礼的次日凌晨，几个男人穿着女装，一个女人则装扮成男人，一支醉醺醺的滑稽的队伍，带着偷来的新娘的枕头，赶着驴车向酒馆进发，在那里举行最后一场热闹的庆祝活动（见图7-30）。这是喜庆张力的消解，是向世俗生活的回归。在英国人类学家利奇所提出的理论体系中，礼仪信息——对社群重要的信息——存在于两极性中；婚礼是在生命的相应阶段，有关重复出现的节日、重复性净化仪式、集体狂欢及神圣时刻的模式。

图7-30　黎明时，一群醉醺醺的客人

表7-2可以通过列举一些其他符码得到补充；但或许即使这种粗略的描述亦可以表明，专注于符码的描述能够揭示以前的研究往往不太重视的习俗中的细节和含义。

可能会出现这样的问题：除了更准确地描述这些现象之外，以符码为中心的方法在应用上还有哪些其他的可能性？我们已经看到，在婚礼期间的某些时刻，特定的符码或符号类型重要性突显——尽管其他的符码也参

表 7－2

物体 / 关系	中类	符码	\ 6	7	8	9	10	11	12	13	14	15	16	17	18	19	20	21	22	23	24	1	2	3	4	5
物体	服装	日常服装	+																			+				
		节日盛装			+	+	+																			
	食物	食物					+	+									+		+							
		酒		+													+	+	+	+						+
空间关系（空间）	个人空间	房子									+		+				+									
		庭院																								
	公共空间	世俗										+														
		公共								+							+									
活动（运动）	虔诚	个人												+							+		+			
		集体														+										
	舞蹈	个人																								
		集体								+																
听觉的（声音）	口语	散文																								
		韵文																								
	音乐	歌唱															+							+	+	
		乐器														+										

婚礼的时间序列

与了整个仪式的建构。对具体资料的系统化可能使我们更准确地定义符码的层次结构，这种定义反过来又可能用于一般的文化类型学研究。关键是每种文化的标志都在于对以下问题的回答：文化使用何种"语言"和"符号"？文化何时使用这些"语言"和"符号"？文化赋予这些"语言"和"符号"什么样的重任。正是这一点给人们带来了一个总体印象，早期研究认为该总体印象是以既定文化或既定文化的风格为特征的文化语法模式。

根据以上所述，对符码采用一种清晰易懂的方式进行整理和描述，可能是用于比较研究的一流工具。习俗作为一种微观的多语文化，具有独特的结构，可以根据符码在某个时刻的层级的变化而被描述。表7-2旨在举例说明这一点。这里，我们不仅可以简化按时间顺序排列的定义，还可以进一步细化符码，从而更准确地描绘既定仪式的内部构成（见表7-2）。

这种对结构的描述，通过运用连贯的标准，对于在仪式研究中建立一种更准确的比较方法做出了重要贡献。表中所描绘的符码在时间序列中的散度可以清楚地表明风俗习惯之间的地区差异，并进而展示出迄今为止隐而不显的重要的类比，例如存在于中东欧农民婚礼的总体结构中的那些类比。最后，作为一种方法论上的建议，我们提出以符码为中心的描述不仅适用于民间习俗，而且适用于任何民族节日以及普遍的社会活动。

第八章

一个美籍匈牙利人社群中的符号学和民族象征

一　研究内容

众所周知，在20世纪，受快速工业化和城市化的影响，世界各地民族社群的瓦解速度惊人地加快了。早前为这些社群的行为和族群的生活提供概念基础和组织框架的传统正在逐渐发生转变。个人或整个群体被迫离开原来的居住地，使得变化愈加广泛。虽然移民可能是出于经济、社会、个人、意识形态或政治的原因，但基本的文化事实是，在这种新的情况和背景下，人们仍然需要保持其文化传统。在完全不同的文化环境中，许多移民保留了传统所形成的旧形式、价值观、象征和信仰。在大多数情况下，对传统的坚持不是一个自觉的过程，尽管自觉组织的传统化形式自然也是存在的。

有意思的是，尽管人类学家已熟知这些事实，但他们的研究似乎更多地强调其变化，而较少地关注传统如何延续和保存。不过，传统的变化与传统的延续是两个互补的文化现象。即使是在第二次世界大战后匈牙利发生了彻底的政治转变的情况下，或是在改变了美国人日常生活的影响深远的技术革命之后，传统也不可能完全消失。

近年来，越来越多的学术注意力转向了传统化的现象。对不同文化背景下同一现象的研究可以揭示不同文化的内在动力和规律。这就是为什么我选择一个被认为是对社群有特殊意义的社交聚会。我们的目标就是了解这些通过社会交流所传达的意义。

我们把社群中大大小小的群体都自愿参与的聚会视为社会事件。聚会可能是自发的，也可能是有组织的，但其要素是参与。我们假设，在传统化过程中，民族象征被用来表达对社群共同的拥护。总的来说，在社会事件的语境中，对民族认同之象征的再生产变得可能和有效。

我将把社会活动视为一套社群用于传统再生产的文化符码，和为事件赋予匈牙利特色的象征。这些案例研究中的关键词是：传统、传统化、认同，我将从连续性而非变化的视角来审视它们。

二　田野工作的地点

1984 年上半年，我在与密歇根州相邻的印第安纳州北部的南本德市（South Bend）的一个美国小镇断断续续待了至少五个月。根据 1970 年的人口普查，其 10 万居民中近 1/4 属于少数民族，其中包括 5000 多名匈牙利人。

操匈牙利本土语者和他们的祖先先后分三批抵达这个安静的美国中西部工业城镇。第一批匈牙利定居者从匈牙利西部边境地区的杰尔县（Györ）和索普隆县（Sopron）出发，于 1882 年抵达这里。20 世纪末期以来，大量民众离开奥匈帝国，在第一批匈牙利人到达 50 年后，南本德已经有 1 万名匈牙利居民（Golden Jubilee Album，1932：15）。这是继美国纽约和克利夫兰之后，美国第三大匈牙利社群。

第一批到达南本德的匈牙利人是没有土地的穷人，而第二批移民多是第二次世界大战后逃离的上层中产阶级成员。第一批移民成为工人并很快适应了工人阶级生活，相比之下，第二批移民是所谓的 DP（displaled persons，即流离失所者，参见 Kontra – Nehler，1981：108），他们在新的情况下适应环境则困难得多。这个群体很小（不足百人），但凝聚力很强，主要由知识分子构成。

最后一批匈牙利移民大约有 320 人，他们在 1956 年秋季抵达南本德。美国人称 1956 年的匈牙利难民为"自由战士"（Scherer，1975：20），他们得到了当地的 DP 委员会（也称救济委员会）的帮助；威廉·佩恩协会（原维霍威救助协会）的组织秘书弗兰克·乌科维茨（Frank Wukovits）领导发起了一次募捐活动，在他们到来之后，募集到了衣物、食品和少量的钱并马上分发给他们，他们在找住房和找工作方面也得到了帮助。1956 年到达南本德的这批人多是年轻人，他们年富力强，因此很快在这里立足。他们中的许多人都是大学毕业，这些人大多数成了成功的商人。与之前的移民相比，1956 年到达的这批移民大多持一种不关心政治的世界观。

值得注意的是，最后一批移民中的大多数人与第一批移民来自相同的地区，即杰尔县和索普隆县。事实上，他们甚至来自同一个村庄，这是可以理解的，因为自 1956 年以来，只有获得亲属的帮助声明匈牙利人才能离开基尔默营（Camp Kilmer）。这也是为什么南本德匈牙利人的日常用语中仍留有典型的匈牙利西部方言，当然他们的语言已经发生了很多变化。（Kontra，1984 ~ 1985）。

在田野工作中，我发现 1956 年来的这批移民最为开放，我也与最早一批移民的后代建立了良好的关系，而第二批 DP 移民是最保守的匈牙利人。我参加过葬礼和生日聚会，在田野调查过程中，我较长时间住在不少匈牙利人家中，因此可以从内部观察他们的生活。我深度采访了 50 个人，以此记录下他们的生活（约 100 小时）；拍摄了大约 1500 张照片，并对 5 个家庭的家庭相册资料进行了系统的复制。

在南本德，我有幸观察到一些节日活动（包括一次匈牙利斗士友好协会的聚会、一场葬礼和一场生日聚会）的参加者。总的来说，报道人很坦率，我从访谈中获得了很多有价值的信息，但 5 个月的时间对于深度收集材料而言太短，1% 的调查样本也不够。基于分析的需要，我选择了一个特殊的社会活动：庆祝威廉·佩恩协会（原维霍威救助协会）的当地分会成立 75 周年。这个活动很有意思，不仅因为这个互助协会最初是由匈牙利人创立的,而且因为今天它基本上是这个小镇一度繁荣的匈牙利社群生活中唯一运作良好的"匈牙利式"的文化协会。1984 年 4 月底,为了庆祝周年纪念举行了一次大型聚会,大约有 300 人参加,包括第一代、第二代和第三代匈牙利人,他们共聚欢庆。我将分析庆祝活动的整个过程、服饰、菜肴(以及其他文化"符码"),这些单独或共同起作用的符码旨在确保这一社会活动的民族特色。在 20 世纪 30 年代到 50 年代所出版的研究成果的基础上,选择这个主题进行讨论提供了一种可能性——对此类事件的总体结构、社会仪式的结构和象征的使用进行比较。

三 生活史与生活世界:对田野工作阐释学的方法论探讨

田野调查中使用的基本方法是"参与式观察"(Spradley,1980)。我拍摄了大量的照片,记录了报道人生活的物的世界——这一世界同时也提供了文本访谈的文化背景。我认为视觉文献在田野调查过程中非常重要,因为民族认同的符号(如果有的话)也必须以可见的象征出现,在社会活动中尤其如此。这一假设得到了研究中经验的证实。

除了亲自参与的情况(即"此在"),我选择了搜集生活史作为方法论的辅助和补充。在采访过程中,我和受访者之间的对话不断推进,最终揭示出印第安纳州北部一个小镇上匈牙利工人的生活。个人生活史代表历史的片段,很多时候可以把不同大陆上的社群联系起来。我深信,民族符号学研究的任务之一就是用批判而又富有同情心的眼光看待人类生命史的形成模式,并对其进行分析,以找出它们的共同点,确定特定历史时期人群行为的决定性特征。本研究的部分资料来自当地的出版物(报纸、周年纪念册),但大部分来自口述。

作为田野调查方法的生活史(life history)的概念出现在 1965 年的美国民族志文献中(Langness,1965;Dégh,1979;Langness – Frank,1981)。这一研究方法可以采用多种方式:可以要求一个人写下或讲述他的生活,可以在引导性的访谈中进行探索,也可以用一种完全非结构化的方式由报道人选择叙述形式进行叙述。人类学家随后以某种形式重新编写这些材料，或将其简化，或以不同的顺序对其细节进行编辑（有时只是用现有的材料写一部小说）。而对民俗学家来说，对生活史的任意使用，以及不精确的记录和编辑，是不可接受的（参见 Hoppál et al. ，1974）。

应该从方法论的角度对两种生活史类型进一步进行区分：一种是简单的叙述，尽可能还原事实，不做价值判断；另一种是充满主观因素的故事性传记式叙述。前者是基于历史的本质对事件进行编年史式的表达，而后者具有神话的性质，是诗性的（Myerhoff，1982）。

在大多数情况下，回忆是阐释性的。这意味着个体不是仅仅无意识地重新整理事件，而是通过提及某些事情来改变它们，使它们回到记忆中。即使是最简单的描述，其中也有社群共同拥有的信仰和象征。所发生的一切都是象征性的，对个人而言，这些事情至少从历史的角度而言是有意义的。换言之，我们可以说，民族阐释学方法将传统理解为社群所使用的不同符号和象征。

然而，如果用一种替代性的或是阐释性的人类学而不是用哲学阐释学来解释这一领域中的话语，那么我们必须根据文本的全部复杂性并在整个文化语境中对话语加以检验（Tedlock，1982：160）。在这一点上，将生活世界的概念作为一个有价值的理论概念似乎是有益的。要理解个人的生活史，就必须了解他周围的生活世界及其复杂性（Schutz，1966）。

在对话的过程中，个体的生活史展现在我们面前，而我们可以从叙事本身和生活史中认识生活世界。生活史可以被认为是生活世界中的一系列行为，因为生活世界是人类社会行为的领域。因此，社会事件只有在生活世界的语境中才能被真正理解，同时从另一面来看，对节日活动的详细描述有助于生活世界的重建。

四　南本德匈牙利人的历史

美国田野调查地点是印第安纳州南本德，这是一个典型的中西部小型工业城镇，匈牙利移民已经在这里生活了一个多世纪。第一批匈牙利移民中的 27 人来自匈牙利西部的索普隆县（Hajdu，1932：20）。19 世纪与 20 世纪之交进行的人口普查显示，该镇已有 743 名匈牙利人，在德国人和波兰人之后，匈牙利人成为非盎格鲁 - 撒克逊血统的第三大族群。

有意思的是，一些被登记为匈牙利人的移民，实际上是来自奥匈帝国的其他少数民族，这从他们的姓氏可以看出。定居在杰尔县和索普隆县的民族中最常见的"匈牙利人"实际上是南斯拉夫人（姓氏为 Horváth）、奥地利人（姓氏为 Németh）和斯洛伐克人（姓氏为 Tóth）。

众所周知，移民群体最初都希望比邻而居。在南本德也是如此，整个街道都是定居在这里的匈牙利人。匈牙利人居住的街区有匈牙利人开的肉店、面包店、理发店、旅馆和餐馆，甚至还有一家匈牙利银行（托斯州银行——成立于 1921 年）。

"老一代的匈牙利人"最初居住在华盛顿街、杰斐逊街、托马斯街、樱桃街和西大道附近，后来搬到印第安纳大道和草原大道，以及科布、查平、卡特帕和肯德尔街一带。与这几条街道接壤的地区甚至被匈牙利人称为"小布达佩斯"（Scherer，1975：9）。

在 19 世纪与 20 世纪之交，教会是移民团体生活中最重要的组织者之一。在南本德匈牙利人居住区，天主教徒于 1900 年成立了全国匈牙利天主教教区。一年后，他们开办了一所学校，据称，该校是美国第一所匈牙利教会学校。

1910 年，托马斯街上建立了第一个匈牙利教堂。随后，匈牙利人逐渐向该城南部迁移，匈牙利工薪家庭逐渐买下印第安纳大道附近街区的房子，此时人们想要建立第二个匈牙利教区教堂。匈牙利圣母教区成立于 1916 年，教堂建于 1935 年，位于卡尔弗特和查平街的拐角处，旁边有一个漂亮的校舍和牧师寓所。该城匈牙利人中的新教徒也建造了漂亮但不是很大的教堂，还有一栋牧师寓所和一个单独的社区礼堂——樱桃厅，人们可以在那里举行婚礼、舞会和其他社交活动。

我们在南本德匈牙利人的百年史中已经提到这些事实，因为直到近年来，移民社群的社会和文化生活都是围绕匈牙利教堂组织的。此外，这两座教堂的名字也将长期保留匈牙利人的回忆，即使附近街道上几乎不再有匈牙利血统的居民。同样的情况在 1984 年也发生在圣斯蒂芬（Saint Stephen）教堂，该教堂以匈牙利第一位国王（1000～1038 年）命名，现在它已成为移居到这里的墨西哥人的教区教堂。目前最大的匈牙利人信徒团体（40～50 人）集中在匈牙利圣母教堂的周围，他们只在星期天早上做弥撒时说匈牙利语（也说英语）。

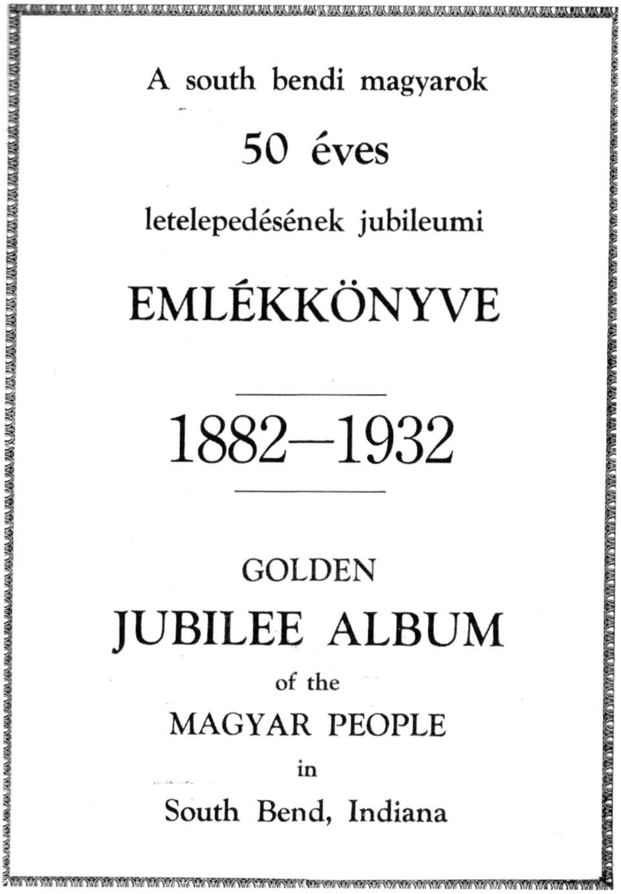

A south bendi magyarok

50 éves

letelepedésének jubileumi

EMLÉKKÖNYVE

1882—1932

GOLDEN
JUBILEE ALBUM
of the
MAGYAR PEOPLE
in
South Bend, Indiana

图 8 - 1　南本德匈牙利人金禧专辑的封面

南本德匈牙利人的社会状况和生活方式在一定程度上是由他们所做的工作决定的。第一批匈牙利人移民大多是贫穷的村民，他们在这个美国小城的工厂当上了工人。根据保存在"记者民俗"中的当地口述传统和传说，匈牙利移民——"穿着大靴子的男孩"——由于获得了"工作努力"的良好声誉，找工作相对容易，雇主在雇工人时能够很容易地通过他们穿的靴子来识别。

图 8 - 2　印第安纳州南本德的匈牙利归正会

图 8 - 3　"撒马利亚"号轮船将首批移民带到新大陆

在 20 世纪头十年的移民中，大多数男性在奥利弗犁厂和斯蒂庞克汽车厂工作。此类工作极其繁重，工作条件也不利于健康。在犁厂，报酬最高的工作是磨工，他们要对犁的金属面进行打磨。持续的冷水流到由于打磨而发热的金属上，磨石高速运转而甩出的脏水浸透了工人们的衣服。混有细石粉和铁粉的水进入工人的身体，包括肺部，他们很快就病倒了。在那里工作的人都干不上半年，即便如此他们也会终生遭受病痛（可能是硅肺病）之苦。曾经有人写过一首关于南本德磨工命运的诗（见 Berko，1910：247）。

保险公司不会为从事如此艰苦而危险工作的移民提供疾病保险或人寿保险。因此，匈牙利人不得不组织他们自己的疾病救助和丧葬协会。以下章节将简要回顾这些社团的历史，它们为社会生活提供了框架，组织了社群最重要的节日活动，在社群生活中发挥了重要作用。

五　匈牙利移民的社群生活

在头几十年里，美籍匈牙利移民的社群生活模式首先是在宗教的推动下，其次是在疾病救助和丧葬协会的组织下形成的。到 1910 年，整个北美洲共有 1500 个此类协会。1889 年，南本德的匈牙利人成立了他们的第一个独立的疾病救助协会，将其命名为圣约瑟夫救助协会。起初，协会成员数量逐渐上升，但在第二年，"美籍匈牙利人中产生了分裂倾向"（Golden Jubilee Album，1932：50），另外两个分别以圣彼得和圣三一为名的疾病救助协会成立。

尽管它们争夺新成员，但这些协会在 1896 年举行了联合野餐，募集了600 美元，用于建造第一座匈牙利教堂，该教堂后来被命名为圣斯蒂芬教堂。在 19 世纪末 20 世纪初的几十年里，南本德匈牙利人的各种协会和社团相继成立，并呈现异常繁荣的局面。例如，1897 年，南本德天主教徒和归正会成员分别成立了独立的协会。前者创立了圣母玛利亚疾病救助和丧葬福利协会，并于 1901 年创立了南本德国王圣斯蒂芬罗马天主教疾病救助和教会协会。归正会的匈牙利人成立了南本德第一福音派归正会男子疾病救助协会。就像当时的习俗一样，妇女被分配到不同的社团，这些社团也都是为信奉天主教和归正会的匈牙利人设立的（Golden Jubilee Album，1932）。

匈牙利工人疾病救助协会成立于1919年，后来与青年协会合并。有共产主义倾向的工人在镇上也有一个聚会场所，即工人之家。

> *Munkás Otthon*，即工人之家，是1919年离开匈牙利的激进的匈牙利工人的社交和组织总部。这个团体首先在斯科特街和南街的华盛顿酒店聚会，后来在卡尔法克斯大道1200街区拥有了自己的大楼，叫作"霍夫礼堂"（Scherer，1975：12）。

社会生活的另一个重要场所是于1910年由公众捐款建成的匈牙利屋（*Magyar Ház*）（见图8-4），位于查平街，该街也被称为"匈牙利街"。直到1930年，这座建筑一直用于社交聚会，是南本德匈牙利族群社群生活的中心。人们在匈牙利屋的大厅举行舞会，另一个匈牙利人的组织——业余剧团——也在这里演出。

图8-4 1968年待拆的匈牙利屋

剧院在匈牙利人的生活中扮演着重要的角色。这始于旧时乡村地区与教堂节日有关的庆典和戏剧表演，它发展成为各地区人们欣赏戏剧和歌剧的场所。南本德的匈牙利人对匈牙利戏剧充满热情，希望在新大陆继续发展这一活动。匈牙利社团、组织和教会经常用匈牙利语来表演戏剧、歌剧和音乐剧。匈牙利屋是匈牙利社群制作的许多戏剧的演出地。匈牙利青年是志愿演员，他们在每个星期日下午参加演出。有时候每个剧目会演三场：在匈牙利屋、圣斯蒂芬教堂和匈牙利女士剧场各演一场。大多数是音乐剧或喜剧，有很多歌唱表演，还有几个被称为骠骑兵的角色。这些演出的服装都很奢华，剧本也是从匈牙利购买的。除了当地的匈牙利戏剧公司，匈牙利巡回表演者也在匈牙利屋演出，包括吉卜赛乐队、著名歌手如莎莉·费达（Sári Fedák）和欧内斯特·金（Ernö Király）以及各种剧团。歌手经常在剧院等场景演唱各种歌曲，这和今天的夜总会表演很相似。这种戏剧化的表演非常受南本德匈牙利人的欢迎（Scherer，1975：25）。

匈牙利屋剧场礼堂是该市最大的礼堂之一，正如"民族遗产研究项目"成果摘录所显示的那样，这种业余表演对于年轻工人来说是真正的社交活动。在20世纪20年代，不同的业余团体合并组成了南本德的疾病救助和青年协会，在1928年底，会员人数近千（*City Life*，1928：IX：51：19）。不同协会的融合也意味着社群生活的不同功能，即疾病保险、疾病救助、丧葬、文化、业余戏剧表演及娱乐、舞蹈和体育运动等，都集中在一个场所，或者更精确地说，几个场所。1934年青年协会与维霍威救助协会的南本德分会合并，年轻的匈牙利人的社群生活更加集中。在合并的过程中——这可以追溯到名称的变化——最初建立在宗教基础上的社团逐渐失去了宗教性质，世俗功能——包括娱乐功能和在一定程度上加强民族认同的功能——突显，后者正是通过娱乐和用匈牙利语表演戏剧而实现的。

不同的社团也定期在南本德的匈牙利人中举行社群集会。以下章节将

图 8 - 5　印第安纳州南本德的匈牙利报纸《城市生活》(*City Life*) 编辑部

介绍一些相关的例子。

六　社交仪式

　　所有社群都会形成某种社交仪式，不同社会群体的成员由此时不时聚集在一起。就其功能而言，这些在城市里举行的季节性社群聚会，与在旧的乡民社会中农村环境下观察到的民风习俗基本一致。

　　这些聚会在社群生活中起着重要的作用。就其特点而言，它们可以是私人或公共性质，也可以是文化或纯娱乐的目的。这些聚会可能是临时性的，也可能是定期组织的，比如可能每年组织一次，或者只在重要的周年纪念日举办。分析这些社交活动的重要特点需要回答的问题是：它们是否可以用来加强民族认同；它们是否以民族象征为特征，如果是的话，哪些象征最为突出（如服装、舞蹈、食物等）。接下来，我们将对南本德匈牙利人生活中的一些有特色的社会事件进行思考，以便在下一章中能够在更狭义的文化语境中思考维霍威协会的晚会。

让我们先了解一下私人聚会。这种聚会最重要的是生日聚会，而在匈牙利举行的命名日聚会在美国已经失去了其原有的重要性。这些聚会最重要的特点就是享用上好的"匈牙利式食品"，回忆祖籍国的"味道"（关于在美国生活中的"匈牙利式食品"的含义，参见 Schuchat，1971）。冬天的杀猪活动是私人和工作性质兼有的聚会，尤其是对更为晚近的1956年到达美国的匈牙利人来说更是如此。在聚会上，朋友们互相帮忙处理大量猪肉，制作匈牙利风味香肠。我在匈牙利人的家庭相册中找到了许多记录欢庆杀猪仪式的照片（Hoppál，1989），从中可以看到这一社交活动相对而言的重要性。

老一辈的匈牙利人，也就是早期移民，回忆了按传统每年举行的猪肉晚宴。这一活动吸引了大量的参与者（见 *City Life*，1928：45：3）。谢勒（D. Scherer）对南本德匈牙利人的研究也有如下精彩的描述：

> 11月份举行的猪肉晚宴是匈牙利人主要的社交活动之一。大约一周前，两头大猪被宰杀。匈牙利妇女花费一周来准备晚宴，她们熬制猪油，制作以猪血、蒜和糯米为原料的香肠。菜品很家常，有猪排、香肠和肉馅卷心菜。参加者可能多达两百人，还有一支吉卜赛乐队演奏音乐以增加节庆的气氛。威廉·佩恩兄弟协会（William Penn Fraternal Association）现在仍然会举行猪肉晚宴（Scherer，1975：28）。

"匈牙利野餐"是南本德匈牙利人的夏季娱乐活动之一，通常于周日下午在户外举行。老一代的移民回忆起这些社群团聚的场合尤其感到温暖："人们所说的百科尼森林（The Bakony Forest），实际上只是一个古老的湖泊；匈牙利人每年夏天都会来这里娱乐，有演奏，有跳舞……"

匈牙利人不仅采用了盎格鲁-撒克逊人的野餐"风俗"——这本不是他们的社交活动形式，他们还给这个地方起了一个真正的匈牙利名字（在匈牙利民间传说中，百科尼森林被认为是不法之徒的出没之地！）。

南本德匈牙利广播电台的一位编辑回忆说，1939年7月4日，他组织了一个"匈牙利日"活动，广播电台帮他支付了宣传费用。据他回忆，这是最成功的一次"匈牙利野餐"，大约5000人来到印第安纳州和密歇根州边界的史艾迪国家森林公园（the Shady National Grove）聚会，野餐定在密歇根州一边，因为该州不禁酒。

户外野餐时会有匈牙利土豆炖牛肉和匈牙利糕点（例如螺旋面包和卷筒面包）出售，年轻人伴着吉卜赛音乐跳舞，这是组织者筹集资金的绝好机会。一直到20世纪60年代的早期和中期，人们都还在举行这种聚会，从60年代晚期开始，这种聚会逐渐消失。

> 当我们去的时候，那里还有一个小村庄，人们称之为"百科尼森林"。那里是举行五月节庆祝活动的地方，或者用英文说，是举行野餐的地方。森林里的五月节……不过我们每年都会和孩子们一起去玩。那里有一个很大的台子，乐师在那里演奏，他们（年轻人）在那里跳舞……（F. T. 私人访谈）

匈牙利人聚在一起进行的最重要的社交活动，是让年轻人有机会跳舞的舞会。在许多不同场合举行的舞会（例如春季紫罗兰舞会、化装舞会、新年前夕舞会）中，秋季的葡萄酒舞会尤为引人注目。难怪其他民族的人把这些舞会看成典型的匈牙利民间活动。例如，在1952年秋天，南本德有三个葡萄酒舞会，其中一个甚至被称为节日。

> 丰收节或葡萄收获节是匈牙利人带到南本德的最具特色的传统之一。通常每个教会或社团在10月都会举行自己的舞会。在庆祝活动前一个月，一位经验丰富的舞者开始教年轻人怎样跳匈牙利舞蹈的复杂

图 8 - 6　1911 年南本德的丰收节舞团

舞步。服装是用手工精心制作的。男士衬衫的宽袖子用匈牙利特色的红色、白色和绿色的丝带装饰，与女伴的裙子相配。女士会穿宽袖衬衫，戴宽边帽子，穿宽松的白色裙裤（*gatya*）或深色裤子，裤腿塞进黑色高靴（*csizma*）。在丰收节的晚上，大厅用一串串葡萄、苹果和梨装饰起来。还有一份由水果和葡萄酒组成的精美的餐桌中央摆饰，在晚上活动结束的时候会通过抽奖送出，盛装打扮的年轻人将表演花式舞蹈，观众为成年人。观众中有人会试图偷天花板上吊着的葡萄串，如果偷的时候被舞者捉到，他们中有人就会被罚款（这个游戏增加了教堂或协会的收入）。抓住"盗贼"次数最多的舞者获奖。表演结束后，每个人都伴着吉卜赛管弦乐队的音乐跳查尔达什舞（*csárdás*）。（Scherer 1975：27 - 28）

美国社会学研究者当然不知道，这种舞会虽然庆祝的是典型的匈牙利传统节日，但在匈牙利人中是一种全新的习俗，就像舞蹈演员穿的是非民族服饰一样。琳达·戴格（Linda Dégh）在阿尔帕德根的匈牙利人中也做了类似的观察，他得出结论："这种非民间艺术中的服饰，俗称 *Magyar ruba*（匈牙利服饰），是移民节日的一个重要组成部分。这是爱国主义的重要象征……"（Dégh，1977 - 1978：122）。

在有关民族历史的特殊日子中，南本德的匈牙利人庆祝 3 月 15 日，以

图 8 - 7　穿着匈牙利服装的民间舞团

纪念 1848 年的匈牙利独立革命。在工人之家，后来在科苏斯堂，以及 40
年代和 50 年代在维霍威救助协会的新大楼中，我们观察到的第一批移民及
其后裔的庆祝活动都是如此。但是最近几年，这个活动从社群庆祝中消
失了。

　　1984 年，1956 年来美的匈牙利移民在阵亡将士纪念日当天，在公墓举
行集会，纪念第二次世界大战中阵亡的同伴，约 20 人出席了这个活动。他
们把美国的官方活动和他们自己对在第二次世界大战中一同战斗的同伴们
的纪念结合起来。纪念活动有政治色彩，但同时也是在家庭框架内举行的
友好聚会。接受采访的人说，以前这是一个全天的聚会，大家会聚在某个
匈牙利人家的花园里烧烤。

　　南本德的匈牙利人举行了一些具有历史意义的周年庆典。例如，1932
年，庆祝了定居 50 周年；1950 年，庆祝了圣斯蒂芬教堂建成 50 周年；
1959 年则举行了当地维霍威分会成立的周年庆典。1982 年是匈牙利第一批
定居者抵达南本德的 100 周年。这些都是匈牙利人社群生活中极为重要的
社交活动。在这些场合，他们不仅发行周年纪念刊物，还举行大型庆祝活
动，当然包括晚会和舞蹈。

七　社交事件的符号学

1984 年 4 月 28 日，我在田野调查过程中参加了一次对南本德的匈牙利人有特殊意义的社交活动，这是威廉·佩恩协会南本德分会成立 75 周年纪念。该协会的前身维霍威救助协会的创立可以追溯到美籍匈牙利人社会运动的最早阶段。据说，"十三个纯朴的矿工"（Lengyel，1948：160）于 1886 年在宾夕法尼亚州的哈兹尔顿成立了第一个匈牙利疾病救助协会，后来这个协会在美国各地建立了分支机构。

南本德分会（第 132 分会）成立于 1909 年，并很快成为该镇最有名的疾病救助协会之一。1934 年，它与青年协会合并从而实力大增，维霍威协会也由此得以在印第安纳大道西部继承了一栋建筑，匈牙利人称之为科苏斯堂，它是 20 世纪 30 年代匈牙利人庆祝活动和娱乐活动的场地。

由于合并，协会的成员数量大约增加了一倍，这栋旧建筑不够用，因此领导层决定建立一个更大的维霍威中心。新楼于 1938 年建成，成为匈牙利人最重要的社交聚会和节庆活动的场地。

1955 年，全国性的维霍威组织与另一个匈牙利疾病救助协会拉科茨救助协会合并，在这次合并后，它采用了威廉·佩恩协会的名称。维霍威组织最初完全由匈牙利人领导，后来又加入了一些小型的由匈牙利人组成的和几个由德国人组成的疾病救助协会，以及其他疾病救助协会，它现在也成为最知名的工人保险公司之一，资产接近 1 亿，会员成千上万。在南本德举行的 60 周年纪念会上，该协会有 3000 名注册会员，其中大部分是工人。无论如何，随着当地会员人数的增加、协会在国内声望的提高和信任度的不断增强，维霍威成为南本德唯一能在节日活动中动员和聚集当地匈牙利人的组织。

参加禧年宴会的包括第一批移民、他们的子女和孙辈。1945 年之后抵达的第二批南本德匈牙利人只有少数代表，而 1956 年到达南本德的匈牙利人则有众多代表出席。由于他们具有相同的社会背景，并且很多人都是亲戚关系（他们大多来自同一个村庄），这两个群体——最早的一批和最晚的一批——的成员彼此更为了解。代表以前处于管理者地位的中产阶级的民主党无法找到与这两个群体共同的话题。尽管如此，他们的一些代表积极参加了禧年宴会组委会的工作，如 E. 彼得森（E. Peterson），他对该协会的历史进行了总结，并界定了协会的目标，其一就是在远离家乡的工人中培育匈牙利文化，帮助他们了解自己的族裔之根。从禧年宴会的宣传册中引述如下。

> 像其他民族一样，第二批和第三批匈牙利人也渴望寻根问祖。他们想重新回到过去，甚至想回到他们的祖先所在的故乡，找到他们的根以及他们以往的成就。我们可以肯定地说，这样他们会发现许多可能被遗忘的价值。历史将告诉他们，他们会为祖先所取得的成就感到自豪，故乡丰富的文化遗产也将丰富他们的生活。威廉·佩恩协会的宗旨在其章程（第三章）中已有界定：依照协会创始人设立的规定，在美国保存、促进和培养匈牙利文化和遗产。（Peterson，1984：33）

此类庆祝活动——正如他们在访谈中所解释的那样——都会成立组委会。这一次，他们先在 1984 年 4 月 23 日开会，讨论晚会的细节，并开始筹备工作。这项工作的一个重要内容是将钻石禧年组委会分成若干工作组，各组具体的任务包括：接待、节目安排、宣传与纪念品制作、门票管理、会场装饰、菜肴安排、茶点安排等。这些小组负责整个晚上相应环节的组织工作，从出售门票到提供茶点。应该指出的是，几乎完全是老一辈匈牙利人（以及他们的子女，甚至是孙子孙女）担负烹饪和上菜的任务。

在所有小组中，负责编辑和印刷纪念册的工作组发挥了特别重要的作用。美籍匈牙利人按传统发行重要的周年纪念日的纪念册，介绍所庆祝事件的历史。几十年后，这些出版物——周年庆祝纪念册——成为重要的历史文献，可以说它们（与当地报纸一起）成为富有特色却被忽视了的关于美籍匈牙利人的资料。例如，组委会成员的名单和小组委员会的组成，一方面说明了谁是社群的积极分子，另一方面也指出了他们在社会阶层中的位置。换句话说，由于为社群利益所做的活动组织工作是完全无偿的和自愿的，因此这些长长的名单是确定小组人员构成的极好来源，正是这些小组确保了社群结构的运作。

如果比较南本德的匈牙利人发行的周年纪念册，我们会发现它们虽然具有不同的材料、不同的版面、不同的联系方式、不同的广告，但其结构几乎是不变的。例如，它们都以贺信（例如市长或其他知名人士发来的贺信）开头，而小册子的中间部分是节目单和菜单。如果我们比较一下1984年的钻石禧年宴会和1982年的百年庆宴会（见表8-1），就可以看出纪念活动的结构是多么正式。

表8-1 1982年百年庆宴会与1984年钻石禧年宴会节目比较

节目单（1982）	节目单（1984）
美国国歌——Helen Wituski女士	美国国歌——Mary Schaar女士
祈祷——John Sabo阁下	祈祷——Joseph R. 主教阁下；Crowley D. D.
晚餐	晚餐
欢迎辞——Frank J. Wukovits, Sr.，威廉·佩恩协会第132分会会长 主持人——Frank J. Wukovits, Jr.	欢迎辞——Frank J. Wukovits, Jr.
祝词——Roger Parent，南本德市长	祝词——Roger Parent，南本德市长
匈牙利民歌——Irene Lovak女士	匈牙利民歌——Andrew Vince
演讲——Peter J. Nemeth，圣约瑟夫郡遗嘱检验法庭法官	演讲——Elmer Charles，威廉·佩恩协会总会长
匈牙利民歌——Irene Lovak女士	匈牙利民歌——Andrew Vince
演讲——John Sabo，威廉·佩恩协会总会长	演讲——Elmer Vargo，匈牙利归正会联盟副主席
Elmer G. Peterson阁下介绍演讲嘉宾和参会代表	Elmer G. Peterson阁下介绍演讲嘉宾和参会代表
祝祷——Thomas J. Lemos阁下	祝祷——Kalman Csia阁下
匈牙利国歌	匈牙利国歌

有意思的是，最近在这些纪念册中出现了简短的感谢词，它实质上无形中体现了这些纪念册的功能。这些功能包括几个层面：预印的节目

单和菜单给人们提供了活动的最初信息；在庆祝活动的当晚，它们被当作礼物赠送；后来则作为纪念为人们所保存。这些出版物，作为未来的资料文件，包含具有奉献和牺牲精神的"无名英雄"的名字。让我们引用组委会主席的话：

> 谢谢大家……
>
> 这本《钻石禧年》纪念册已编辑完成，以纪念逝去的岁月。我们会发现许多名字印刷于此——让我们"记住过去的无名英雄"，他们无私的爱和奉献精神将永远被铭记。
>
> 我们想以同样谦逊的方式向所有人，向辛勤工作的各小组委员会成员，向以多种方式帮助我们的赞助人和捐赠人致以诚挚的谢意。
>
> 感谢大家响应我们的邀请，来和我们一起庆祝，分享我们的快乐。
>
> 我们希望这个纪念册不仅是对过去的纪念，也是在面向未来时鼓舞我们的文件。(Diamond Jubilee, 1984: 20)

以上节选包含了整个节庆活动的信息：连接过去和现在，即整个社群通过待在一起共同用餐进行庆祝，同时对未来作为美国人的人生态度进行定位（Dundes, 1980: 69 - 85）。除了准备纪念册之外，在筹备过程中花时间最多的工作是装饰大厅和准备食物。厨房准备了大量的香肠，一些妇女和男人摆放桌子。他们从售票数量预计参会者为 150 ~ 300 人，所以他们根据这一人数布置大厅（见图 8 - 10）。在舞台前有一张单独的桌子（演讲席），供贵宾使用，前面有一个很大的空间，可以用于表演舞蹈，两边的桌子都是靠墙的（可容纳一二十人）。

《钻石禧年》小册子随处可见，人们仔细地将餐巾按照红、白和绿的顺序排列。匈牙利民族色红、白、绿相间的丝带也被挂在盖着白桌布的桌边。墙上也挂着民族色的丝带，每个人到达时都会收到匈牙利民族色的花环——用红、白、绿三色相间的丝带做成的 X 型装饰，以表示来者属于这个团体。通过这种方式，民族色彩成为节日活动的标志性象征。

活动的节目从唱美国国歌开始，然后牧师约翰·萨博（John Sabo）用英文优雅地向人们致以简短的问候。接下来晚餐开始，持续大约一个小时。直到晚上八点多，正式的纪念演讲才开始。值得注意的是，晚餐是在庆祝之前进行的。除了一人，演讲者都用英语发言，而且近年来，这些纪念册也都用英文印制。弗兰克·J.乌科维茨（Frank J. Wukovits）最先演讲。他用英文发表了欢迎辞，然后转用匈牙利语。我们引用如下：

> 欢迎大家前来与我们共度75周年纪念日。这就像是一个生日聚会——威廉·佩恩协会第132分会整整75岁了，但我想说，这是充满朝气的75岁。让我们通过这个盛会来共同见证。
>
> 诚然，75年是一段较长的时间，其间很多匈牙利协会、俱乐部以及其他组织成立，但它们都消失了。威廉·佩恩协会第132分会仍然存在，因为它为匈牙利人的利益服务。我自己在这里已经有44年，最能证明这样一个事实：从来没有谁的求助被拒绝，不管是要求庇护，需要衣服、医疗，还是在获得公民身份的政治帮助或就业方面提出请求，都是如此。我们非常高兴地欢迎我们的朋友、政府官员和威廉·佩恩协会董事会成员。感谢上帝让我们遇见这样的好朋友。在这里见到你们真是太好了。我们协会的力量和活力是显而易见的，我们欢迎他们参加我们伟大的生日聚会。令人欣慰的是，我们有支持我们的朋友和兄弟姐妹。让我们记住所有未能参会但同样为这个75周年庆祝大会提供了支持的人。我的脑海里浮现出许多名字，许多名字也已经印在我们的纪念册上。我们还编印了专页，以纪念那些已经逝去并将永生的我们曾经的成员。他们的子女希望他们的名字被记录，他们的杰出成就被铭记，我们因此做出表示。我们回顾过去，向他们致敬。
>
> 我也要对所有为这次周年庆典的成功举办而努力和做出贡献的人表示衷心的感谢。有太多的名字需要提及，大家会在纪念册中发现这些名字。感谢在场的所有人。
>
> 请大家允许我讲几句匈牙利语。

图 8 - 8　宴会的主桌

图 8 - 9　宴会桌上的餐位，放有节目单和装饰有匈牙利民族色带的甜面包圈

　　初看来，令人惊讶的是，匈牙利社交活动的正式演讲是用英语进行的，只有部分用匈牙利语，但从美国人生活的背景来看，使用英语是很自然的，这同时也表明匈牙利语迟早会成为移民的次要选择。

　　但语言只是这种场合所使用的文化符号之一，因为正是符码的多样性构成此类社交活动最典型的特征。除了多样性（Hoppál, 1979），这些事件的特点是在使用不同符码时的同时性。除了已经提到的空间安排，即空间符码和两种语言符码（英语和匈牙利语），食物的特殊语言（烹饪符码）也在晚上使用。此外，还有作为文化语言的奏乐、舞蹈和歌唱的符码，可以充分表达聚会的"匈牙利"特质。这些不同类型的文化符码将在下面的

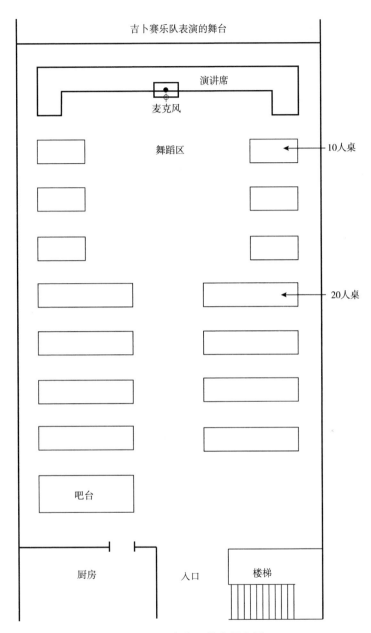

图 8 – 10　宴会厅的空间布局

章节中将分别讨论，本章对其进行分析性描述的目的是让我们能识别和认同社群（或者仅仅是一些社群成员）所阐释为其自身民族象征的符号。通过这种方式，我希望了解一些关于使用或创造该象征的机制，特别是因为我们未曾对此类社会仪式加以详细描述。

在接下来的半小时里，更多的演讲和欢迎致辞很紧凑地呈现。演讲者也都是用的英语，包括南本德市长、担任最高公职的当地匈牙利社群成员皮特·J. 内密斯（Peter J. Nemeth）、遗嘱检验法庭法官和威廉·佩恩协会的总会长约翰·萨博（John Sabo）。在演讲间隙，一位最近来到美国的女士演唱了匈牙利民歌，她也是每星期天在匈牙利圣母教堂举行的匈牙利弥撒的领唱者。这个节目以祝祷（由圣斯蒂芬教堂的教区牧师带领）和唱匈牙利国歌结束。可以看到，从庆祝活动的开始到结束，一起唱圣歌和祈祷是这类事件中反复出现的结构要素。活动的另一个特点是用餐时间长于节目时间。节目可以被解释为纪念活动，它是当地匈牙利人在小城生活中扮演重要角色的一个并行的主题。人们自豪地指出，一个世纪以来，匈牙利人和他们的后代一直用他们的勤奋工作为小城的发展做出贡献。

让我们首先分析活动中的菜肴，因为可以从对活动的观察中和参与者的意见总结中看出，食物是聚会中最重要的部分（见图 8 - 11）。菜单列出了以下食物：

> 匈牙利面拖炸鸡
>
> 鸡蛋麦团……肉汁
>
> 自制肉肠和血肠
>
> 苹果圈、豌豆和胡萝卜
>
> 生菜沙拉
>
> 面包和黄油
>
> 匈牙利糕点
>
> 咖啡

"匈牙利面拖炸鸡"与美国各地的肯德基炸鸡只是名称不同，以加了肉汁调味的鸡蛋麦饼作为配菜，代表了特殊的非美式风味。实际上，人们前几天已经准备好了香肠，并在厨房里烤好。蒸过的苹果圈、豌豆和胡萝卜与肉一起食用，都是典型的美国配菜，而面包和黄油则体现了德国民族

图 8 - 11　为晚餐准备的血肠

饮食的影响。有意思的是，回忆类似晚宴的受访者经常提到的肉馅卷心菜，这次没有出现在菜单上，尽管这道菜和匈牙利牛肉汤在上周末美国国庆日（7 月 4 日）那天举办的民族节日中表现最为成功。然而，辣味更浓烈的五香炖肉（红辣椒烹制的鸡肉和菜炖牛肉）现在已经退回到民族风情美食和招待客人的私人领域（见 Schuchat，1971）。

　　我们发现，民族菜肴是长久以来把社群聚集在一起的少数几个东西之一。即使几十年后，人们还记得传统食物的味道和烹调方法，即使对那些几乎完全脱离了以前的族群的人来说也是如此。特别是家庭聚会或亲密朋友的邀请，为移民们准备传统（民族）菜肴提供了一个机会。定期举办的匈牙利晚会、舞会（包括丰收舞会），尤其是猪肉晚宴，都清楚地表明匈牙利菜肴是这类社交活动的主要特色之一。这可能有两个原因：一方面，分享所谓的匈牙利传统食物或菜肴，使该群体的每个成员都有参与传统的感觉（这种方式有助于加强社群情感的纽带）；另一方面，对于外来者（具有不同种族背景的人），它们是认同的象征。辣椒香肠、五香猪肝香肠等菜肴，尤其是炖菜（包括炖牛肉），成了代表匈牙利人的刻板印象。在这个文化过程中，重要的是匈牙利移民自己也接受了这些刻板印象，甚至使这些菜肴更接近于美国人认可的标准，即他们用较少的辣椒烹制炖菜，匈牙利红椒鸡就成了面拖炸鸡，等等。换句话说，在简化过程中，事物就变成了一个民族的象征。舒查特通过比较在匈牙利和在美国的匈牙利人的饮食习惯得出同样的结论。

> 饮食习惯相互交织，成为最容易获得的、仍然最令人回味的传统的象征。它也表明民族形式的变化——从局限于地方主义到有意识地选择记忆和分享模式。民族烹饪的从业人员已经开发出替代品或做了重大的创新，这是可以接受的，因为食物是象征性的。因此，食物不必非要地道，才能具有民族性。（Schuchat，1971：147）

文化中的物也是一种表意系统（Barthes，1968：29），而传统化的一个最重要的和最频繁的形式正是借助物来实现的。在田野调查过程中，我搜集了很多有关移民住房的内部（物质）世界的丰富资料，因为我很想知道他们用什么物品来装饰房屋，以及这些物中哪些具有或可能具有可以作为民族意识象征的内容。

事实上，物能够表达民族认同感，其中最引人注目的就是服装。众所周知，在民族符号学文献中，"民族服饰"在其细节和整体上是一个富含意义的象征集合。尤其是传统的民族服装是以类似语言的方式组织的一系列象征（Bogatyrev，1971）。因此，可以理解，匈牙利的第一批定居者从一开始就被其他人以典型的靴子来准确识别，也就是说，靴子带有属于该群体的象征的符码。后来，从20世纪30年代一直到60年代末，匈牙利舞蹈团在丰收舞会上表演，演员们穿的便是一种很有特色的五彩缤纷的半民俗服装。

图中的这件服装，或者更确切地说，演变而来的这种女装，成为匈牙利人举行的舞会上常见的晚礼服。我们在许多美籍匈牙利人的报纸上看到过这样的照片：穿着红、白、绿三色"民族服装"的女士们光彩夺目（见图 8-12）。三色丝带绣在女士裙脚，在男士衬衫的宽袖上则呈现为垂下的带子。这个服装形象起源于人们在婚礼中使用带珍珠的花束这一潮流，美籍匈牙利人也可以在20世纪40年代制作的电影中看到（如 M. 凯莱蒂导演的影片《博撒在美国》，*Borcsa in America*），其中人们穿的正是这样的服装。电影作为制像媒介的作用在美籍匈牙利人中是众所周知的，正如其对匈牙利服饰的影响。这种"民族服装"成为移民节日庆典和其他节日社交活动独具特色的材料，虽然与真正的民间艺术没有什么共同之处，它却作为对匈牙利认同的外部接受，成为爱国主义的象征（Pégh，1979：3）。

图 8 – 12　　"匈牙利特色的"礼服

　　在维霍威的晚会上，我们看到只有一个中年妇女穿这样的裙子，她是一位 1956 年抵美的匈牙利人的妻子。她把一条短裙改成了匈牙利民族特色的裙子。她穿着一条布满了民族艺术主题刺绣图案的裙子，她说这是自己缝制的。到现在，这种非常明显的对民族认同的接受已经退出舞台。过去曾作为丰收舞团一员而自豪的年轻人不再能够认同前几代的传统。

　　匈牙利聚会的一个非常重要的特点就是音乐。与早期移民的社会文化背景一样，现在仍然流行吉卜赛音乐。20 世纪上半期的报道提到，这个城市有很多匈牙利的吉卜赛乐队。20 年代最有名的是班果（József Bangó）管弦乐队，后来他的儿子比尔和乔（Bill and Joe）被邀请在家庭和大型社交聚会上演奏音乐。当然，当地的乐师并不是专门为匈牙利人服务的，他们必须学习其他族群的音乐。两名报道人谈道：

> 这里曾有瓦雅斯（Vargyas）管弦乐队。他们可以演奏匈牙利和波兰歌曲。他们也在我们的婚礼上演奏过。

吉卜赛乐队通常由独奏小提琴、低音提琴，以及也许在美籍匈牙利人眼中最重要的乐器钹组成。后者是打节奏用的，同时演奏者也有机会借以展示击打的精湛技艺。

对于威廉·佩恩协会的周年晚会来说，像往常一样，乐团是从芝加哥聘请的齐格（Béla Ziggy）管弦乐队，这支管弦乐队曾多次在维霍威中心演出。一开始晚会还很安静，他们只能给"民俗"歌手洛瓦克（Lovák）夫人伴奏，在晚宴中间播放所谓的 *hallgató* 音乐。不过，后来当舞蹈开始时（晚上 8 点 30 分），乐团演奏的并不是真正的匈牙利音乐：他们没有演奏吉卜赛音乐，他们没有用齐特琴奏乐，而是邀请了一位盲人钢琴家演奏五六十年代流行的沙龙音乐、爵士乐和舞曲，而非匈牙利乐曲。这位低音大提琴手没有用匈牙利语唱过一首歌，所以客人们深感失望。当他们中的一些人告诉我（对他们而言的陌生人），他们对晚会没有匈牙利风格的音乐感到遗憾时，我并不觉得惊讶。

小提琴演奏者试图挽回局面，有时还会用低音提琴演奏二重奏，但是尽管音乐声放大了，大厅里的噪声还是淹没了他们的演奏。这就是南本德吉卜赛音乐的结局。当晚的组织者是这样评论的：

> 问：管弦乐队的表演怎么样？
>
> E. W.：那个吉卜赛人欺骗了我。我认识他已经 50 多年了，那时的他还是个年轻人。我甚至记得我们第一次见面是在城里一家叫奥利

弗的旅馆，那时他很诚实。这次是他第一次欺骗我。他没有把我们聘请的管弦乐队带来！他再也不会来了，这是肯定的。首先应该有一位钦巴龙演奏者——这个乐团根本没有。但是低音大提琴手却在那里乱嚷嚷，他甚至都不懂匈牙利语。

因此，可以理解的是，只要乐队停止演奏，坐在一张桌子旁的一些人就立即开始唱匈牙利歌曲（见图8-13）。他们自娱自乐，在演奏的间隙断断续续地唱了将近一个半小时。那张桌子旁的人除了一对夫妇（他们是早期匈牙利移民的孩子，在美国出生），其他都是1956年来到美国的匈牙利人。这些歌曲主要是匈牙利流行歌曲（包括 Ernö Király 在美国录制发行的许多音乐）、轻歌剧选唱和几首对唱，但没有真正的民歌，还有少数匈牙利的新歌（关于美籍匈牙利人当中民间歌曲知识的主题，参见 Ware，1916和 Erdély，1964，1968，1978）。

图8-13　晚宴尽情唱歌的场面

有意思的是，当他们回忆歌曲时，首先想起的是节奏，然后是文本，最后是整首歌的曲调。伴随歌曲的哑剧和手势是完美的，虽然乐调和演唱并不如此。

大厅里没有别的人群在唱歌，但是有人从其他桌旁走到1956年来美的匈牙利移民坐的桌子旁。应该注意的是，这是一个普通的周日，南本德匈牙利人的周末仪式一般是一起听匈牙利语的无线电广播，上午和下午各一个小时。节目大部分由匈牙利流行歌曲（和一些民歌）组成，正因为能一起唱自己的民族歌曲，他们才不去唱不喜欢的音乐。

节日气氛很淡，跳舞的人也不多，通常250多人中只有10到30对舞伴在跳。大约10点半，查尔达什舞曲持续了10分钟左右，开始节奏很缓慢，然后稳步加快。有几对舞伴在跳——我认出了几对是已婚夫妇，但也有一群30~40岁的妇女在一起跳圆舞。稍远一些还有一群女孩，她们早些时候曾经帮忙准备晚宴，现在围在一起跳或跟着音乐节拍跳。

图 8-14 "匈牙利特色"的刺绣上衣

为什么在移民社区的舞蹈剧目中没有匈牙利本地农民的舞蹈，只有一些片段和浪漫化的舞蹈传统能够留存，这就很清楚了。那些对下层阶级的传统一无所知的中上阶层，只培育了他们自己的"匈牙利的"和"匈牙利人"的意识形态。一些辛辣的菜肴、三色的服装、永恒的吉卜赛音乐以及简化的或"中产化的"查尔达什舞曲是表达他们的匈牙利特性的实质象征，这反过来又为移民社群提供了一个统一和同质的价值标准，通这一标准，"我们"和"他们"，以及匈牙利人和美国人本来可以被分开并保持这种分离状态。事实证明这一理念至关

重要，因为它影响了近五代匈牙利移民。(Kurti, 1981: 11)

查尔达什舞的最重要特点是跳舞者充满激情地踏脚。整晚的活动包括查尔达什舞蹈直到 10 点 45 分才结束。

有意思的是，在采访过程中，许多人提到他们是四五十年代丰收舞蹈团的成员，并给我看当时的照片，他们深信，民歌和舞蹈是连接他们与匈牙利文化的纽带，是祖父母的遗产。这些年轻的南本德人无一例外都是出生在美国的第二代和第三代匈牙利人。他们并没有完全意识到，他们正在采用浪漫化的舞蹈传统、简化的查尔达什舞曲和"中产阶级"的价值体系，而吉卜赛音乐的甜蜜和忧郁，以及用民族色彩红、白、绿装饰的服饰非常适合这一体系。

所有这一切（和加入香料、辣椒与胡椒的菜肴一起），作为一个同质的象征群，有助于区分美国的匈牙利人与其他族群。在维霍威协会的晚会上，舞蹈、吉卜赛音乐、服装、语言都不再是真正的匈牙利的，早期的更加丰富的文化"语言运用"的记忆只是依稀可寻。可以说，食物和歌唱存留在更广泛的社群使用层面。

八 总结

值得注意的是，在 20 世纪 50 年代，当国际主义的口号在东欧和苏联的社会主义国家流行的时候，对于美国少数民族的未来而言，人们也主要采取类似的态度。但是"大熔炉"并没有真正起作用，在 60 年代后半期，随着不同族群的自我意识增强，这一点更为明显。显然，除了饮食习惯，这些群体几十年来不仅保留了他们的语言，还保留了他们的宗教认同。在东方文化（中国、日本文化）中出生的人及其后代当中，文化差异和抗拒同化的能力尤为突出。

民族意识觉醒的问题不限于美国，也存在于世界其他地方。毫无疑问，"民族意识"是一种如此强大的推动力量，以至于一些观察家现在提到"民族必要性"(ethnic imperative)，即每个人都必须属于一个民族共同体。然而，有意思的是：民族认同的表达已经转移到文化的象征性领域——这也是这项研究的新见解。对象征的选择，对传统的某些方面的选择，总是有意识选择的结果。

让我们更仔细地思考象征性族群性的概念（Gans，1979）。虽然早期的研究者把民族意识描述为"工人阶级"特有的表现方式，但在过去几十年中，尤其是从 20 世纪 70 年代开始，人们往往在"知识界"能观察到这种表现方式。有意思的是，尽管白人少数民族的和平民族运动与黑人和印第安人的激进民族运动有部分相似，但他们民族自我意识的觉醒更多表现在文化领域，表现在识字水平、节日庆祝、社交聚会等方面，而不是表现在反对经济和社会压迫的斗争领域。造成这种现象的原因可能有多种，其中一个显而易见的经济方面的原因是，战前几十年劳工运动的民族性质在近几十年已经消失。随着早期几乎完全为少数民族人口的集中居住区的瓦解，即随着社会阶层中白人族群的向上流动，紧迫的经济问题已经消失。另外随着混合婚姻的增多和人们向郊区的迁移，以往民族关系的自然纽带（例如居住地、共同的教堂、民族语言的频繁使用）变得更加松散。这些变迁过程是印第安纳州南本德的匈牙利社群的特点。个人被剥夺了在社群生存的日常安全感，正由于他如此强烈地感受到这种丧失，因此他将对社群的归属感从日常领域转向节日领域，这是一种自然的人类反应。

这就要求人们认真选择象征，选择能够使情感在某种程度上变得可见的民族象征。象征所表现的民族认同，不是一种社会的污名，而是一种新的自豪感的源泉。这为少数族裔提供了在多民族国家保留族裔传统的可能性。如此，象征和具有象征意义的物品、记忆和收藏就会适应工业社会赋予（或强加）的可能性。在这个层面上，培养民族情感甚至不需要真正的社群生活，仅仅在节庆场合偶尔聚集就足够了（Stricken，1984：36）。而且，只需保留故乡的少数文化元素，使旧的传统在新的异国文化环境中获得象征意义，并在某种程度上再现其原有的意义。

这里的重点是再生产的概念。再生产为传统化的持续提供了一个视角，而早期，人们过分强调新元素的主导地位，因而预言了同化现象不可避免，如欧洲的民族学就预言了农民的消失。

因此，民族自我意识的再生产不是出现在社会层面，也不是出现在经济领域，而是以知性经历的象征性行为模式的形式出现，正如艾兰·雅布博（Alan Jabbour）指出的那样，民族自我意识是通过"传统象征形式的创造性演变"而出现（1981：4）。这尤其是第二代更是第三代美籍匈牙利移民的特征，当今美国的大部分匈牙利人属于这个群体。极有可能，这种情感上经历的民族忠诚会以这种象征形式继续存在很长时间。只要有少数机构和少数具有创造性的参与者，少数民族的自我意识就能不时地得到恢复。我认为民族性是文化内部运动的动态形式，最终而言，它是节庆行为的现象表现。本书讨论的南本德工人参加的社交聚会，都是要求特定行为的节庆场合和事件。从这个角度来看，传统可以被阐释为社群的集体记忆，个人通过这种记忆来了解过去、立足当下和计划未来。

质性比较的方法之一就是通过辨别特征来进行描述，即对质性进行对比分析。我们现在将通过分析社会仪式的主要功能和事件的显著特征来进行质性比较。从表8-2可以看出，维霍威晚会的正特征最为显著，这使之成为对民族性很重要的、有助于民族性发挥功能的、名副其实的功能集。

从表8-2最下面的五行我们发现，在不同的社会事件中，五种文化符码最常参与民族性的象征性交流。我们也发现，食物、奏乐、歌唱、舞蹈和服装是最适合表达民族独特性的文化语言。或者更准确地说，在匈牙利的村庄里，它们被用来表达地方认同，而在美国它们被用来表达民族认同。

匈牙利菜肴在移民中起着重要的区别性作用（尽管与原汁原味的匈牙利菜肴相比其风味已丧失很多）。奏乐和歌唱是加强社群凝聚力的重要因素。舞蹈也是如此，虽然必须注意的是舞蹈只在节庆场合发挥此功能。

现在我们要问，这里提出的一组现象是属于传统化的范畴，还是恰恰相反，是属于传统的转变的范畴？例如，如果分析美国的匈牙利"民族服装"——*magyar ruba*，我们就会发现，它明显是被丰收舞蹈团用在流行的民间戏剧舞台上，并由此演变为晚礼服。该服装广泛出现在各种场合，从产生发展到现在，它已变得如此受欢迎，令人不可思议。

表 8 - 2　事件与功能

功能＼事件	生日聚会	猪肉晚宴	匈牙利野餐	丰收舞	新年前夜的舞会	3 月 15 日国庆节	阵亡将士纪念日	维霍威周年纪念
个人符码	+	-	-	-	-	-	-	-
公共符码	-	+	+	+	+	+	+	+
宗教符码	-	-	-	-	-	-	-	-
政治符码	-	-	-	-	-	+	+	+
历史符码	-	-	+	-	-	+	+	+
年度符码	+	+	+	+	+	+	+	+
文化符码	-	+	-	+	-	+	-	+
娱乐符码	+	+	+	+	+	-	-	-
烹饪符码	+	+	+	-	-	-	-	-
奏乐符码	-	-	+	+	+	-	-	+
歌唱符码	+	+	+	+	-	+	-	-
匈牙利舞蹈符码	-	-	+	+	-	-	-	+
民族服饰符码	-	-	+	+	-	+	-	+

　　或者，我们可以对食物进行分析。食物的味道变得类同，失去了原有的浓烈，越来越接近美国的口味。但是，事物的本质不是食物的味道，而是社交聚集仪式的表现（Goffman，1959：32）。重要的不是食物的品质，而是食物本身及其分配。承载重要意义的正是"共同用餐"这一事实：用餐仪式具有象征意义。类似于上述这类社交事件的描述，揭示了什么样的总体结构和符码组合形成了一个结构良好的夜晚。表 8 - 3 也显示了美籍匈牙利人社会仪式的一般特征。

　　我们还可以看到，社群成功地利用这种社交聚会来操纵个人的身份和民族的认同。除了已经提到的服装和食物之外，一起跳舞和唱歌、谈话和讲笑话都是民俗研究中众所周知的减轻压力的民间习俗，它们有助于促进个人的情绪平衡（El - Shamy，1979：13）。

　　个人对归属于少数民族的事实所引起的压力采取基于同化策略的反应，即利用各种手段试图创造积极的少数民族认同。个体通过参加不同的活动（俱乐部、节庆、游行、舞蹈、野餐和募捐）实现这一目标（Stricken，1984：36，54）。理想的做法是创造一个充满独特民族象征的世界；我们可以通过重新诠释伯格和卢曼著作的标题，将这个过程称为"民族现实的象征性建构"（Berger – Luckman，1967）。社交仪式的一个重要方面是定期重复，正是这种重复使社群能够再生产重要的民族象征。在这里重要的是重复，而不是事件的本质：参加晚宴比食物的品质更重要（我在晚餐中多次听到这个观点）；舞蹈交际比舞蹈更重要；重要的不是歌曲或歌词，而是一起唱歌；募捐最重要是给予的姿态和贡献，是加强族群团结的怀旧感。所有这些因素共同解释了此类活动的参与。在现实中，重要的是"此在"，是"在场"本身，而不是"在场"的本质；节庆事件中以正确或不以正确的方式跳舞并不重要，重要的是跳舞本身。食物符码、歌唱和舞蹈并没有失去或很少失去它们的力量，因为它们为个人提供了随时可用的和平等的"可分配"文本信息，也就是说，每个人在节日活动过程中都可以享受同样的乐趣。在某种程度上，象征层面的平等通过"此在"而获得（Gadamer，1991），正是参与社群这一行为赋予了举行这种社会事件以意义。

第九章

过去的符号：家庭照片的符用学

本章旨在对家庭摄影和美籍匈牙利人进行民族符号学研究，这种类型的工作并非没有先例（Becker – Ohr，1975；Bianco – Anguili eds.，1980）。虽然学者们倾向于研究移民对母语的使用，但视觉事实的研究也同样重要。昆特指出，"要研究不同的社会阶层，必须注意他们所使用的照片。照片不仅揭示了他们的生活方式，也展现了他们的生活条件。"（Kunt，1982：49）不仅如此，这些照片还显示出拍摄者和照片所有者所认可的价值观（关于匈牙利价值体系的变化，见 Hoppál – Szecskő，1987）。

此外，有两位荷兰学者将家庭摄影作为一种社会学现象进行研究（Boerdam – Oosterbaan，1980）。他们认为摄影是一种社会行为，其目的是记录人们的生活。因此，在我们的生活中，照片成为家庭的视觉历史，取代了以前关于家庭生活的口头叙述，我们稍后将详细讨论这个方面。照片代表了民俗的一种现代形式。很明显，拍照是一种大众活动，将其与盎格鲁－撒克逊人类学文献中的一些民俗现象进行比较，并非偶然。

照片被认为是一种反映独特的当代文化、描述每个社群及其特征的表现形式。因此，研究要从两个方面入手：一方面，从照片上可以看到什么；另一方面，使用照片的社会背景是什么（Boerdam – Oosterbaan，1980：96）。

也就是说，要对拍摄照片的环境以及这些环境如何将现实转变成神话加以解释，家庭神话构成了家庭民俗不可或缺的一部分。与每张照片相关的故事正口口相传，代代相传，如同旧时代的经典民俗一般（对家庭照片进行研究的人类学和民俗学方法，参见 Titus，1976；Hirsch，1981；Kotkin，1984：22）。

一 社群背景

在对家庭照片集进行检视之前，必须简要地对这一研究项目和拍摄照片的社群加以介绍。

1979 年，匈牙利科学院和美国学术团体联合会成立了一个委员会，其目标是制定在社会科学领域进行联合研究的计划。除文学、历史学、社会学和语言学之外，民族志也成为该计划的研究领域之一。经过四年的准备，1984 年上半年，三名人类学家前往美国考察居住在印第安纳州的匈牙利人的民族认同保持情况。

该研究的题目是"经由传统化的认同保持——当代匈牙利和美国比较研究"。这一项目的参与者包括布达佩斯民族志博物馆的佐尔坦·菲罗斯（Zoltán Fejõs）、匈牙利科学院民族学研究所的高级研究员皮特·内德尔穆勒（Peter Niedermüller）和笔者本人，匈牙利的组织者是塔玛斯·霍费尔（Tamás Hofer），美国的组织者是琳达·戴格（Linda Dégh）。

在对这一研究项目的规划中，传统被认为是文化中民族认同不断再现的力量。显然，这不只是美籍匈牙利人特有的；社群以何种方式选择其传统中的某些部分，从而保存它并传递给其后代、使用它来确认社群身份，决定了某一既定社会和历史语境下族群的特征［见《民俗学研究》专辑，1984（21）：2－3］。

民俗、节日风俗和日常行为的方式都能够表达民族的连续性。移民带来的传统失去了重要性，其中一部分已消失，几十年来已经产生了新的"习惯"。这些习惯作为独特的美国"匈牙利传统"在新一代中得以延续。

我们研究的任务之一是检视匈牙利移民目前形成的象征性地表达其民

族归属的行为模式的规律。除了作为参与者进行观察之外，我还选择了个人深度访谈的方法来搜集生活史。

因此，我记录了大约 50 个南本德匈牙利人的大约 100 小时的口述史。如果被采访到的家庭或者个人有大量的照片，我会请求复制这些照片。笔者的设想是，可以将照片作为了解人们生活方式的直接视觉资源。

居住在印第安纳州北部小镇南本德的匈牙利居民是我研究的重点。根据 1970 年的人口普查数据，在小镇的 11 万人口中，有 1/4 属于某个少数民族，或者其祖先在 20 世纪上半叶属于少数民族。现在，约有 5000 人可以被视为匈牙利族群。在 20 世纪 20 年代，匈牙利族群人数正好是今天的两倍，因此它是美籍匈牙利人的第三大社群，仅次于纽约和克利夫兰。

匈牙利人分批到达南本德，此地著名的斯蒂庞克汽车厂、奥利弗犁厂和其他工厂向来自匈牙利不同地区的贫穷移民提供了就业机会。匈牙利的第一批移民于 1882 年抵达，直到 20 世纪 30 年代，许多移民接连而至。几十年来，匈牙利社群团结一心，共同创造了繁荣的社会生活（Hoppál，1986）。第一代移民修建了几座教堂、几个用于开会和庆祝的俱乐部、几个舞厅、一个匈牙利银行、一个电影院，形成了几个街区。

第二批"中产阶级上层"的匈牙利移民在二战后抵达美国。第三批移民则是 1956 年的难民。有意思的是，我们发现，不同批的移民在保存传统和适应新环境上存在差异（Hoppál，1984）。

尽管我们经过了艰苦的努力，花了 5 个月的时间对很多家庭进行研究，但仍旧没有足够的机会去探索他们的生活。通过记录几十个家庭的故事，我们收集到了关于个人和社群生活的一些资料。我们得以熟悉一些家庭相册，可以研究 50 个家庭中了解较多的 10 个。在田野调查中，我拍摄了 1500 张关于美籍匈牙利人生活的照片，其中 300 张是从他们的相册中翻拍的。虽然我只能附上很少的翻拍照片作为插图，但是，这些翻拍的照片也可以反映整体材料的特点。按照人类学的惯例，在这里我不会提到所呈现照片的这些家庭的名字，不过他们的资料可以在匈牙利科学院民族学研究所档案中查到。他们的名字并不重要，因为这些家庭的社会背景非常相似：他们都是工厂的工人。他们代表了工人阶级的中间阶层——从 20 世纪 40 年代起，工人阶级就有了自己的房子、小花园、汽车和照相机。他们也可能有摄影机，比如，我认识的一个家庭的 7 个子女中的 1 个，就用 16 毫米规格的宝莱克斯摄影机，耗费了几千米的胶卷，拍摄了关于 20 世纪 40 年代以来最重要的家庭事件的影像；另一个家庭则用一部从 20 世纪 60 年代使用至今的 8 毫米规格的彩色摄影机，拍摄了 4 小时的家庭影像。

二　家庭照片的功能

论及被研究的照片，我想扩展家庭照片的定义。一般来说，只有家庭成员拍的照片被认为是家庭照片。对于美籍匈牙利人来说，家庭成员一起找到并认为值得保存的照片，都被视为家庭照片。换句话说，家庭照片是属于家庭成员的所有照片：不仅包括那些由家庭成员自己拍摄的照片，还包括那些由专业摄影师拍摄的其他照片。在我研究的家庭中，每个家庭中能找到大约 50 至 250 张照片不等，但只有一半的家庭用相册保存。

摄影自出现以来，保存记忆的功能一直被强调，在广告中尤为如此。当我询问美籍匈牙利人照片在他们生活中有何用处时，他们强调了照片的

图 9 - 1　20 世纪 30 年代，摄影棚风格的家庭照片

提醒作用（"……我们的孩子可以看到我们来自哪里！"一位 66 岁的工人说）。可能是出于这个原因，他们把照片保存在相册里，并按照时间顺序排列。因此，家庭相册就是家庭生活的图解档案。稍后我们会讨论这个问题，但是现在我们要说明依靠这些照片保存下来的事件的主要类型（这些类型在每个家庭中几乎相同）。

　　从 1945 年以前拍摄的照片我们可以看出，它们捕捉到了"生活的主要事件"，几乎完全被用作"仪式活动的支撑因素"（Boerdam—Oosterbaan，1980：97 – 99）。摄影成为家庭仪式的一部分（Barthes，1985：11），或者更准确地说，它展示了一个小型的封闭社群的民俗创作。按下快门的动作记录了那一时刻，使绷紧的姿势和动作变得庄严。即使是现在，我们给日常生活中的主题和活动拍照，情况也是如此；被拍摄的活动是不受调控的。拍照的次数越多，拍的照片数量越多，拍照的去仪式化现象开始出现。值得注意的是，其他生活仪式（婚礼、洗礼、葬礼）的神圣性也渐渐淡化。这些仪式礼节性要素已经减少，出现了越来越多的世俗的

图 9 – 2　20 世纪 30 年代，年轻的匈牙利夫妇

日常生活特征。

在关于家庭照片的研究中，两位丹麦社会学家认为这些变化正是一种摄影的民主化趋向，他们也接受了摄影变得更加非正式的现实："民主化过程可以概括如下：更多人拍摄更多的日常生活瞬间……这个过程紧紧伴随着摄影及人们在照相机前行为的某种非正式化；姿势从'紧绷'逐渐转变为'随意'……不管怎样，社会关系都不再那么正式和严格。"（Boerdam – Oosterbaan，1980：108）。

从收集到的美籍匈牙利人的照片中，我们看到了以下事件：婚礼（见图9-3），葬礼，圣诞节，杀猪，野餐，生日午餐，亲戚拜访，集体远足（通常拍摄的是到达目的地的时刻，或者是跟吃喝有关的放松时刻），一年一度的网球派对，某位名人到访小镇，家族里出了著名的演员，等等。

在不记录任何事件的照片中，可以看到以下主题：全家福，单人照，物（房屋、汽车、花园——他们的所有财产，其中大部分属于拍照者的财产）。

我首先要分析的是婚礼。这是家庭生活中最重要的仪式，它是我能看到的照片中1/3的主题（2/3的照片被归类为其他主题）。回顾从最古老的

图9-3　20世纪40年代初婚礼上的合影

照片到今天的照片的风格，我们可以看到，拍摄于 20 世纪头几十年的照片都是正面视角。照片呈现的人物形象僵硬，表现出超越时间的恒久性，就像古代俄罗斯圣像中的圣徒，是永恒的代表。

"所有美学语言中正面肖像意味着永恒……" 布尔迪厄说（Bouredieu，1982：228）。这位法国社会学家关于上述主题的照片意义之观点值得一提："从照片中看到的被社会所接受的行为和姿态，指涉的是社会交往的风格和品质…… 在城市社会中，社会规范也规约了摄影的美学。"（Bouredieu，1982：233）

对于美籍匈牙利人尤其是 20 世纪初匈牙利移民的照片而言，这一解释可能是合理的。我们还可以补充说，上述事实不是匈牙利人特有的，因为在意大利移民中，有关婚礼的照片（见图 9 - 4）也具有特殊的社会意义（Bianco - Angiuli，1980：119 - 123）。这些照片以其现代的拍摄手段见证了这一时刻。婚姻的界限被"永远"地创造出来。

那些被精心地放到相册中的照片拍摄于 1945～1946 年，照片中的气氛更加随和和亲密，比如图 9 - 5 中一对年轻夫妇站在教堂前的街道上。从其中一张照片所透露的信息我们发现，有时婚礼会持续两天，就和他们在匈

图 9 - 4　婚礼上的合影

牙利的家乡一样。一位受访者证实了这一点，他的婚礼持续了将近两天。

图 9－5　家庭相册中有注释的一页

图 9－6　婚礼上的合影

从 20 世纪 50 年代拍摄的照片中，我们可以很清楚地看出姿势的僵硬。这些家庭照片是在摄影工坊拍摄的。白色燕尾服取代了黑色领带，人物从僵硬的正面姿势向稍微侧身变化。后来，人们开始在聚会上拍照，20 世

　　70 年代的照片全部是由家庭成员拍摄的，他们拍下了夫妇共同切蛋糕的情景（见图 9 - 7），捕捉他们的亲密时刻（如年轻夫妇互相喂食、新娘跳舞，见图 9 - 8、图 9 - 9）。

图 9 - 7　切传统婚礼蛋糕

图 9 - 8　婚宴上的亲密时刻

　　婚礼、礼服、环境和照片不时地发生变化：刻板的时段和随意的时段前后相继。20世纪70年代的照片反映了全新的、更加自然和生动的婚礼上的时刻。几十年来，这种"发展"趋势与人们拍摄更多照片的现实相一致，因为从技术上讲，摄影变得更为容易，而且人们的行为（更不用说婚礼上的舞蹈）变得更自由，规则和惯例更少了。

图 9 – 9　新娘的舞蹈

　　去仪式化的倾向也成为葬礼习俗的特点。一般来说，在美国举行的葬礼是一场重大的社交集会，这和匈牙利截然不同：对于匈牙利人而言，它只是一个家庭仪式。在这样的事件中，家庭的每代人和亲戚都尽量聚在一起。虽然我没有看到在两次世界大战之间拍摄的葬礼照片，但从20世纪50年代以来的照片上可以看到亲属群体站立在灵柩周围。家庭成员是在灵柩台旁所呈现的家庭连续性的象征（见图9 – 10）。

　　另一组照片展示的是人们用餐的情景。用餐具有象征性的社群创造功能，类似圣餐仪式，它证实了人们对社群的归属意识（Hoppál，1981）。家庭摄影师更喜欢为重要的家庭聚会（例如生日聚会、婚礼或者葬礼）拍照，这并非偶然。

　　值得注意的是，在有关杀猪的照片中，我看不到人们在一起用餐的场

图 9 - 10　葬礼上拍摄的照片

景，但在三张照片中可以看到杀过的猪。看到这些照片，来自外星球的民族学家估计会说，动物的献祭是这个仪式最重要的部分；在这种情况下，献祭比圣餐更重要。南本德的其他民族认为，杀猪是匈牙利人特有的"流行习俗"，因为黑香肠和胡椒香肠是匈牙利正餐的特色菜肴（Hoppál，1987）。在照片上找到这样的主题并非偶然，因为摄影最重要的就是选择主题（参见 Musello，1984：57）。因此，可以理解的是，我找不到任何关于"感恩节"或游行的照片（后者对意大利人来说非常重要，参见 Bianco - Angiuli，1980），但我可以找到许多关于杀猪和圣诞节的照片（见图 9 - 12）。匈牙利人，尤其是最后一批移民，将圣诞节活动视为最重要的家庭活动，因此，从照片上可以看到全家人。照片背景是闪闪发光的圣诞树——赠送礼物的象征，它意味着每年在家庭生活中都会有这个节日仪式。圣诞节，包括圣诞歌曲、传统饭菜和赠送礼物的姿态，都是家庭民俗的一部分。通过拍摄该事件，家庭的神话成为理想化的家族史的一部分（Musello，1980：39）。

图 9 – 11　烟熏前的辣香肠

图 9 – 12　挂满礼物的圣诞树

三　家庭照片的社会意义

克洛德尼认为："很明显，照片本质上既不为自己存在，也不被自己感知。摄影文献是通过与文化系统的其他部分相互关联而形成的。"（Kolodny，1975：54）照片是客观化的再生产之现实与照片观看者之间的文化媒介。作为一种文化中介，它起到调节作用，其功能类似于符号的社会角色——符号在其所代表的现实与想要了解符号的人之间进行调节。

　　在拍摄家庭照片时，我们将这些时刻的符号转化为记忆的符号。通过对流动的、鲜活的现实生活片段进行截取，照片固化了现实，并将其封闭到图片的框架中。这就是所谓的"对现实的摄影性分解……"（Sontag，1978：172）只需要选择并确定主题，我们就可以拍摄出一张反映拍照者风格的照片。因此，这些照片不仅被认为是对世界的接受和描述，还被认为是对世界的创造和改变（其详细的逻辑前提分析见后文。Horányi，1982：402）。

　　从符号学的角度而言，作为符号的照片是非常特殊的，虽然它们反映的是其忠实而客观地再现的现实，但是装框（framing，对框架的选择）使它们非常具有主观性。"所有的客观性都是基于特定主体的……所有的现实都是主观构建的。"（Baer，1984：2）

图 9-13　我的第一辆车——斯蒂庞克

　　根据皮尔斯的符号学理论，作为符号的照片属于像似符，这意味着照片类似于它所代表的对象（关于像似符的问题，参见 Eco，1972）。在现象层面上，摄影是面向现实的客观性与忠实之模式，也就说它是完美的像似符。但是，要理解家庭照片的意义，我们就必须更加深入地去挖掘。家庭照片拍摄者和照片的观看者用这些照片作为指涉，以增强对事件的思考、联想和记忆。从这个意义上说，在被家庭成员观看和解释的过程中，作为事件之像似性再现的照片参与整个体验："观看者将照片既作为对所描述事件的如实指涉，又作为对与事件相关的思想、联想和记忆的刺激。从这个意义上讲，当家庭成员观看和解释照片时，像似性的指涉对经验的'整体性'进行了编码……"（Musello，1980：39）

照片的意义，或更确切地说，照片的感知意义，并不能从表面的相似性中，即照片符号的像似性特征中找到。从使用此符号的人的视角而言，最好去表达照片所创造的"可能的意义世界"。在指涉照片时，"符号系统生产世界，同时被世界所生产"，这个看法也是符合逻辑的（Baer，1984：2）。英年早逝的视觉传播研究者沃尔什（Sol Worth）在其经典著作中强调，"民族符号学"的任务之一，就是让我们了解周围的"象征性的视觉环境"（Gross，1980：18）。作为对象和符号的照片嵌在视觉环境中。例如，一些美籍匈牙利人的照片被装进相框，并挂在墙上，或者放在客厅角落里的家具上，以便每个人都能看到。这些照片展示的是远方的家人、子女和孙辈。在烛台和十字架旁可以看到已去世的丈夫（或妻子）、父母甚至祖父母的照片。这些照片和纪念物，以不自然的方式和顺序摆放，使人们联想到家庭祭坛。在许多地方，祖先——第一代移民的照片会和后人的照片放在一起，这一系列照片的最后会放置曾孙辈的照片，因此，影集发挥了家庭史祭坛的功能（见图9-14）。

正如这位匈牙利裔的美国社会学家所说："照片比家中其他任何物品都更能保存有关个人纽带的记忆。照片呈现了已故亲属的真实形象，因此可以获得与逝者几乎神话般的认同。在世界各地的大多数文化中，祖先的记忆都是以某种形式保存的……在我们这个时代，照片似乎能够通过使所爱的人保持一种虚无缥缈的永生，通过为后代提供一种认同（一种归属语境），来实现这一功能。"（Csíkszent‐Mihályi‐Rochberg‐Halton，1981：69）

1975年，贝克尔和沃恩谈到了家庭照片与家庭史的关系："……照片是与过去的重要联系……是与过去交流的一种方式。"（Becker‐Ohrn，1975：31）这些照片是过去的符号，通过展示在空间上和时间上与我们相

图9-14　印第安纳州南本德三个匈牙利家庭不同类型的家庭"祭坛"

距遥远的事件和人，通过拓宽文化的记忆，将信息传递下来。"记忆和照片一直是密切相关的……它们使人们想起过去……个人关于过去的记忆融入了哈布瓦赫（Halbwachs）所说的集体记忆……家庭照片使参与者过去的情况再次变得可见，对所有相关者而言亦是如此。通过照片，家庭成员的主观体验被客观化为共同所属。因此，照片在参与者的过去应当如何被呈现的协商过程中构成了确定无疑的依据。"（Boerdam‐Oosterbaan，1980：116）

　　大多数受访家庭表示，他们希望存留家族史上的重大事件；有了照片，他们就能够记录家庭的重要事件，并通过复制，就可能将照片送到远离家庭的亲属那里（有关个人化的记录或家庭生活史，见 Musello，1980：36）。为了说明人们通过照片与家庭其他成员保持联系这一主旨，我想引用在南本德发现的一本自传中的话："在 20 世纪 20 年代初，我的爸爸获得了美国公民身份。他为成为美国人而感到自豪。除了投票权，他还享有宗教、言论和新闻的自由。爸爸现在有了一辆车，于是他和妈妈决定带家人去城里拍全家福。我的奶奶从来没有见过自己的孙辈，而爸爸也不方便回匈牙利，因为太遥远了，他没有足够的路费。退而求其次，爸爸给奶奶寄去了一张家庭合影……照片效果很好，被寄到了欧洲。我妈妈为孩子们，也为爸爸和她自己保存了许多照片。"（Andrew，1983：196）

　　相册中的照片和其他收藏可以被"阅读"，并且比书面的自传更容易激活记忆。当一个家庭想要重述其历史时，它就总能够实现，通过这种视觉"神话"比通过口口相传家庭更容易记住其历史（关于社群通过视觉来记忆家庭传统，见 Kunt，1990）。通过影像人们能够改变和总结现实中的事件，在这一方面，家庭摄影的功能似于民间传说（Kotkin，1984：80）。

　　照片帮助家庭成员以一种神话般的方式了解家庭的集体记忆。共同观看家庭相册是一种维护家庭传统的仪式，其目的是向人介绍这个传统——这是相册的初始功能。

　　大多数照片都展现了家庭的理想化情景——这个家庭是一个满足所有期望并履行义务和遵守规则的家庭，一个拥有慈祥的父亲和可敬的母亲的完整家庭（关于理想化，见 Goffman，1959）。一般而言，在理想化的过程中，有效的规范、价值观、情感、信仰以及不同的符号和象征都变得可见。人类学家必须面对的另一个重要的文化事实是，在少数民族的生活中，每一件小事都具有象征意义，其意义会得到加强。因此，我们的研究考虑到了家庭照片意义的层次，我们认为最后一层为"民族－象征"功能（Gans，1979）。一方面，这意味着——正如我们前面提到的那样，这些照片是用来创造理想化的"匈牙利人"形象的；另一方面，在外国文化的语境下，即在"美国的匈牙利人"语境下，每一个动作和物都被认为具有象征意义。不同姿态、舞蹈、歌曲和膳食的每个部分都被认为具有民族特色。这些差异也出现在照片中，这些照片作为一种媒介，影响和改变人们的印象，并将事件转化为符号。家庭摄影是一种生产生活史符号的社会活动。这些照片再现了社会实践的共同象征，在异域环境中再现了民族认同的象征。

我们不能说，所有在美籍匈牙利人的家庭相册中发现的照片都是用来加强和保持民族认同的，但是，它们中的大多数通过有意识地保存生活史的某些部分，将其作为民族、个人和集体身份的符号来进行再生产。

第十章

零符号：作为对爱欲之否定的裸体

在一个人们多少总要穿点衣服的社会中，裸体作为一种特殊状态具有重要意义。几乎所有服饰的细节都可以作为符号来解释，自从博加特廖夫关于摩拉维亚民俗服饰的著作（Bogatyrev，1971）问世以来，至少在文化的符号学研究中，这是一个已经被接受的观点。在更广泛的文化历史背景下，这一论断也是合理的；看看中世纪对行为方式的严格规定，包括对穿着的精确规定，我们就会明白确实如此。

因此，如果服饰作为一种符号系统可以被视为文化语言，那么，裸体就意味着符号的缺失——符号的零度，它在整个系统内也带有某种意义（Sebeok，1974）。或者，更直白地说，裸体，从"服装 = 语言"的角度来看，已经代表了既定的符号系统中的语言之退出。裸体代表着向另一种语言状态的过渡，在服装语言中，沉默也代表了新事物在不同符码中的表达。虽然本书的着重点不在于此，但值得注意的是，上述概括性的论述不仅适用于温带和寒冷地区的民族，也适用于在我们看来完全赤裸的非洲的一些民族——他们的身体装饰（彩绘，以及服装上的小珠宝装饰和其他配饰）都具有重要的个人、社会甚至政治意识形态的意义（Biedelman，1968；Mazrui，1978）。

虽然裸体不过是符号的缺失，但从文化方面，我们仍可以区分神圣的和凡俗的、私密的和公开的裸体，以及它们的含义——也就是说，其社群

（可）接受的评价可能因文化而异。这四个特征使我们能够在文化上划分出裸体可能出现的范围的语义场。

接下来，我们将举几个例子，来说明匈牙利大众信仰中出现裸体的背景，并以此为基础揭示裸体的文化意义。在本章的最后部分，我们将尝试利用从对大众信仰的材料分析中所学到的知识，来理解匈牙利电影的一个备受争议和反复出现的主题，具体而言，即米克洛斯·杨索（Miklós Jancsó，1921 - 2014）的电影中一系列的女性裸体形象。

早在 20 世纪 30 年代，就已经出现了对匈牙利大众传统中裸体迷信观念的有趣研究。例如，吉扎·罗海姆（Géza Róheim）就这一问题有专章讨论（Róheim，1925）。其后，期刊《我们的人民和语言》（*Népünk，és Nyelvünk*）刊发了阿科什·森德瑞（Ákos Szendrey）撰写的文章（Szendrey，1930）。在《匈牙利人的民族志》（*A Magyarság Néprajza*）第四卷中，桑多尔·索林诺斯（Sándor Solymossy，1944：324 - 328）对民间信仰的资料进行了梳理总结，并指出只有将服饰和信仰相联系，人们才能理解大众信仰中的裸体迷信观念。西比奥克在其关于匈牙利人迷信观念的英文论文中得出了同样的结论，他把相关材料分为三组：一是裸体；二是脱去衣服；三是反穿衣服。这是裸体的三个阶段。在这个过程中——实际上是在脱掉衣服的过程中，人得以摆脱邪灵（Sebeok，1948）。也就是说，零符号的含义就是某种净化；一个裸体的人完全拥有魔力，她或他本身比穿衣服的她或他更加强大（见图 10 - 1）。让我们先看看匈牙利民间信仰体系中的一些例子。

例 1.

当我们还是孩子的时候，妈妈告诉我说，我的祖父曾经去过森林。他想砍根木头做车的横梁。他不想碰到森林管理员，所以选择在日落后去。在森林里，他听到了歌声。"嗯"，他想，"这个时候，能会是什么歌声？好吧，我会一直寻找，直到我找到声音的来源。"因此他不断前

图 10 - 1　迈克尔·赫尔（Michael Herr）正在雕刻女巫安息日的场景（1650）——裸体男女在围着布洛克斯贝格（Bloksberg）跳舞

行，穿过一个山谷。然后他翻过一座山，穿过另一个山谷。他看见两个头发很长的妇女在绕着一棵树转圈。一个手里拿着一把小斧子，另一个手里拿着一把大斧子。两人轮流用斧子砍树。她们削了两块木头楔子，然后把它们塞进了那棵树的树干里。她们绕着这棵树一圈接着一圈地转。其中一个对另一个说：'别看其他地方，只想着你刚才遇到的危险，然后继续转，每次遇到楔子都要击打一次。'她们不停地围着树绕圈子，每当转到楔子旁时，都要击打一次。这种做法意味着，她们把楔子打入树干越深，被施了魔法的人就病得更重。然后，一个说："让我们继续打吧。"她就是这么说的。

我的祖父远远地看着她们，猜想她们到底在做什么。她们完全是

赤裸的……（Bosnyák，1979：177－178）

例2.

在扎达尼（Zsadány）地区的一场大火中，两排房屋被烧毁了。大火正要蔓延到一位老妇人的房子时，她脱光衣服，绕着房子跑了几圈，于是风向就变了，她的房子得救了。从那以后，人们都认为那位老妇人是女巫。（Benkóczy，1905；103）

例3.

据说，多年前，当高尔高马撒（Galgamácsa）村被烧毁时，只有一座房子得以保全。一个女人正好在家里，她迅速脱光衣服，赤裸裸地绕着房子跑。这是该村庄唯一完好无损的房子。（S. Bosnyák 搜集）

例4.

在乌戈萨（Ugocsa），当房子遭遇火灾时，房主的妻子、成年的女儿或他的一个女亲戚会光着身子绕房子转三圈，并将一整条面包夹在她们的左臂下。（Szendrey，1930：130）

例5.

为了治好孩子的病，妈妈应该这样做：在三个月光明亮的夜里，完全赤裸地在花园里绕着牡丹丛走七圈，每绕一圈都要摘一片叶子。用这些叶子制成浴液可以治愈孩子的疾病。（Z. Tildy 搜集）

例6.

我有一个小弟弟，一直到六个月大，他的心脏每天都会出现问题（实际上是癫痫——笔者注）。人们说应该把他所有的衣服都撕掉。于是，他们把他身上的衣服撕下来，在里面包上一块石头扔到房顶。然后，他们在衣服落下来的地方挖了一个坑，并把衣服埋进坑里，直到

衣服腐烂。如果一个小孩得了心脏痉挛，母亲必须脱下衣服，赤裸身体，和孩子一起奔跑三次。（Hoppál，1982：239）

例7.

如果一个孩子由于邪眼招邪，那么，母亲应该在午夜时分，赤身裸体地抱着孩子围着桌子跑三遍；偷一个木勺，然后烧掉，把一部分灰烬放在摇篮下，把另一部分撒在街上，如此，这个咒语就可能会附着在踩到灰烬的人身上。如果有人发高烧躺在床上，那么，他的近亲应该在日出之前把病人的床单拿走，带着它赤身裸体地悄悄跑到山上。（Solymossy，1944：325）

例8.

圣灵降临节前夕，人们赤身裸体地去收集露水。收集到的露水可以治愈眼睛的疼痛和身体上起的丘疹。（Szendrey，1930：130）

例9.

如果农民养的奶牛产奶量不好，他只能在圣约翰节那天得到帮助。在圣约翰节的黎明时分，家中最年长的女人走到田里，脱光衣服，全身赤裸。然后，她拿出亚麻巾，用它吸取地上和草上的露水。当亚麻巾湿透时，她拿出随身带的杯子，把亚麻巾上的露水拧出，滴在杯子里面。如果牛喝了这杯露水，产奶量就会提高，一年四季都会为主人做出大贡献。（Kertész，1910：80）

例10.

他们赤身裸体地播种大麻，因为（根据近来的解释）这样子可以防止鸟类把种子从土里扒出来。（Szendrey，1930：131）

例 11.

如果女主人在午夜时赤身裸体地绕着犁过的地奔跑，损害庄稼的冰雹等坏天气就不会出现。(Szendrey，1930：131)

例 12.

为了防止麻雀的危害，播种小米时也需要赤身裸体。(Solymossy，1944：324)。

例 13.

必须在耶稣受难日黎明播种甜瓜种子，而且播种的人必须是赤裸的，这样甜瓜才能长得个大瓤红。(Szendrey，1930：131)

例 14.

如果房子里有许多老鼠，房主应该光着身子，拿一把破旧扫帚，绕着房子跑三圈，边跑边敲打墙根，同时不断重复"害虫，去死吧"！(Solymossy，1944：325)

例 15.

这是保护播下的种子不受老鼠危害的方法：农夫领着赤身裸体、用方巾蒙住双眼的妻子绕着田地走三圈，途中他不能回头看。如果他回头了，这种奇怪的巡视就不会有效。(Solymossy，1944：236)

例 16.

为了驱赶家中有毒的动物（如蛇等），人们在天使报喜节那天，会让一个男孩或女孩赤身裸体地绕着房子画一圈线，重复三次。(Solymossy，1944：236)

例 17.

有人开玩笑地对我妻子表妹的丈夫说，他应该在平安夜一丝不挂地绕着大楼走，这样，老鼠就会离开。虽然他这么做了好几次，但是老鼠依然没有离开。（B. Irányi，1976：44）

例 18.

在圣乔治节那天，有一位牧羊人赤身裸体地赶着马匹。（P. Madar，1967：154）

例 19.

如果有人想知道明年家里是否有人会去世，那么，他应该在平安夜给炉子加满煤，把炉口盖上，然后，脱光衣服绕着房子跑三圈。每跑一圈就透过窗户朝屋里看一次。他看到的坐在屋子或房间正中间的那个人将在明年死去。如果他没看到任何人，明年家里就不会有人去世。（M. Varga，1919：113）

例 20.

如果有人想知道她将来的丈夫是谁，那么她应该在平安夜给炉子加满煤。过一会儿，她要脱光衣服，站在炉口前的烟囱转角处，叉开腿，从两腿之间往炉子里看——这样她会看到未来的丈夫。（M. Varga，1909：113）

例 21.

据说，夏天在圣约翰路上，未婚的姑娘们会生一堆火，赤身裸体地围着火堆跳舞并跳过火堆。如果她们把灰烬埋在十字路口，一年内就能嫁出去。（Gulyás，1976：205）

例22.

过去，人们常常在黎明时分围着龙葵赤裸着跳舞，然后把龙葵挖出来放进某个人的食物里——然后，食用它的人就会和挖它的人做同样的事情（Ákos Janó 搜集）

例23.

瘟疫在萨塔马尔（Szatmár）暴发时，女孩们被赤裸着套在犁的轭上，拉着犁绕着村子转圈。（Solymossy，1944：324）

例24.

为了防止恶魔进入房间，人必须裸体睡觉。（Szendrey，1930：131）

例25.

如果有人想拥有超自然的力量以及隐形的能力，他应该在圣乔治节的那天晚上脱光衣服，并在午夜时分去十字路口。在那里，他应该在自己周围画一个圆圈并念起某种韵文。（S. Bosnyák 搜集）

我们认为，这些文本呈现了匈牙利大众信仰中关于裸体的主要类型。我们将基于这些文本得出结论。

在没有对上述文本进行详细的符号学分析的情况下，从民间信仰对裸体这一信仰之基本要素所使用领域的资料，我们可以确定，裸体是魔法的重要组成部分。它主要用于避免自然灾害和危险，加强保护；比如，如果发生火灾（例2~4），人们必须在房屋周围赤裸地奔跑以保护房屋。围绕房子走圈也被用来保护房屋免受老鼠和其他有害生物的侵害（例14、16、17）；播种也是如此（例10、12、13、15），人们通过裸体实施被认为拥有魔力的行动。当医治疾病时，人们也认为裸体很重要，有时对治疗者而言如此，有时对病人而言如此。如果我们想从魔法神话思维特有的对抗中总结与裸体有关的语义标记，就能得出如下一系列对立：

火灾/危险——防止发生

受损——获益

疾病——健康

弱点——优势

穿衣服的——裸体的

文化——自然

因此，裸体似乎是防御某种蛊惑、疾病或自然灾害（火、老鼠）的一种形式；也就是说，它是与负面力量（显然也包括着衣状态）相反的自然状态。在文本的另一组中，裸体与生育的魔法有关——并且通过特殊的逆转而达成。在基于裸体施行的仪式中，裸体代表不孕，象征着爱的缺失；这就是为什么在这些仪式中，裸体实质上可以被视为对爱欲的消解。

在这样的语境下，生育魔法可能意味着牛奶的高产量或对小麦（即面包，代表生命）的保护；事实上，人们也试图通过基于裸体的预言去了解爱情将如何来临。有意思的是，在有些情况下，除了不能穿衣服之外，人们还被禁止讲话；大家似乎还相信，可以通过绕圈（三圈、七圈）形成魔法圈来加强沉默。换言之，裸体只是一系列的有效因素之一。

另外，有意思同时也值得深思的是，在大多数情况下，与裸体相关的魔法和仪式是在文化的公共领域进行的。我们还可以观察到，这种公开的裸体根本不会引起那些生活在旧农民文化中的成员任何色情的想法。相反，裸体更像是一场严峻的考验——毕竟，施行魔法的人可能会遇到一些熟人。因此，裸体意味着超出公认的道德体系——它是一种过渡的"启悟仪式"之象征。这一点在最后两个文本中表现得特别明显：为了获得知识，需要某种形式的退出——首先是裸体（即对先前状态的否定），然后是一系列更多的苦难和考验。当然，这一切都不是色情的。

这种裸体与圣方济各的裸体相似——他脱掉衣服，同时也走出他以前的生活。只有通过净化，通过回归自然状态，即通过对周围世界的抗议、对特定社会中发生的伤害过程的反对，他才能开始新生活（de Vries，1981：338）。"18 世纪雕刻的一幅版画中，亚当派裸奔在 16 世纪阿姆斯特丹的街头以抗议宗教和政治迫害。他们说：我们是赤裸的真理！"（引自弗朗西斯·赫胥黎（Francis Huxley）的《神圣之路》（见图 10 - 2）（Huxley，1974：13）。

图 10 - 2　一幅 18 世纪雕刻的版画：亚当派裸奔在 16 世纪阿姆斯特丹的街头，以此抗议宗教和政治迫害

有几种裸体类型，比如贞洁之裸和罪恶之裸，存在着对立，这在基督教文化的象征意义中是众所周知的。在提香的画作《神圣与世俗之爱》中，这种对立也很明显：神圣之爱由裸体女性形象体现，世俗之爱则由穿上衣服的女性形象体现——也就是说，裸体并不绝对是色情的。在早期的基督教传说中，埃及马利亚的故事以寓言形式表达了这一点，从历史的角度看，这是支持上述论断的佳例。这一传说诞生于公元 5 世纪之后，讲述了一个亚历山大女孩的故事。她原本过着淫乱的生活，在前往耶路撒冷的路上加入了朝圣者的队伍，并在圣殿中发誓不再过以前的放荡生活；她隐退到荒野，在那里斋戒和忏悔。17 年之后，过去的生活不再对她有任何诱惑。她完全赤裸地生活在外约旦地区，在那里"她获得了圣言文本中令人羡慕的知识。在祈祷过程中，她飞了起来，飘在地面上空。"（*Mifi Narodov*

Mira，Vol.2：116）在这个传说中，裸体与色情和城市生活的罪恶世界形成了鲜明的对比——文化与自然相冲突，而自然是清修、节食、无遮掩的原始状态、圣洁、知识等的世界。

值得思考的是，早期基督教传说的信息有多少与基于信仰传说解释的语义特征（以迷信观念中的裸体概念为特点的特征）类似。更值得注意的是，随着时间的流逝，脱离文明的模式能够存续到何种程度——因为在我们的时代，我们目睹了裸体崇拜公共的、集体的复兴。

从20世纪60年代开始出现的新"自然主义"中，捍卫裸体主义的一个论点恰好是这样的，即大众裸体在特征上完全是与性无关的。也就是说，在指定的海滩上，裸体实际上消除了所有的性关联；不道德无立足之地。换句话说，"回归自然"的口号实际上带有"回归自然状态"的含义；而在细节上，以裸体示人象征着健康与力量，象征着其在新的启蒙中完全绽放。简言之，在不穿衣服的人当中，社会差异消失了——在裸体的人群中，所有人都是平等的。

在欧洲的裸体象征主义中，有一个很强的语义层，它消除了性并使裸体的主要感官意义发生倒转。正如我们所看到的，这一现象在匈牙利民间信仰习俗（以及欧洲的其他类似习俗）中大量存在（Christian，1978；Róheim，1925）。有鉴于此，如果电影导演生活在一种文化中，并和其符号世界有着深刻的情感联系，那么，两个系统之间，即电影的主题世界和既定文化的符号系统之间，就不会是毫无根据的命题了，而是可以相互推导并通过彼此的元素来解释的。

从这个角度而言，公众对杨索电影强烈的否定反应相当令人费解。人们陷入了文化误解这一可原谅的罪恶之中；因为他们误解了裸体女性这一在电影中不断重复的主题。更确切地说，他们不明白，一直没有得到满足的正是对性的渴求。这是很自然的结果，因为电影的场景恰恰与预想的完全相反：对爱欲的否定，即对女性情色功能的倒转。场景中夏娃的自然原始状态（衣服的零度）完全是与性无关的。

想想看，在杨索的电影中，女性的衣服去除之后总会发生意想不到的行为，但绝非性行为。举例来说，随之而来的是夹道鞭打的残忍或各种羞辱；她们被带到另一个营地献祭；她们受到死亡的威胁，为了活命必须献舞。杨索电影中出现女性裸体的场景具有相当的感情强度，而在民间习俗中，裸体的力量也用于各种危机情景（火灾、孩子生病、危在旦夕、庄稼处于危险之中等）。在杨索的电影中，我们见证了这种反色情仪式。也就是说，普通的观众期望色情的行为会伴随裸体而出现，但他们大失所望，因为在杨索的电影中，裸体现象是"对色情的颠覆"（Christian，1978）（见图 10 - 3）。

图 10 - 3　来自米克洛斯·杨索的电影《厄勒克特拉，我的爱》
（*My love，Elektra*，1974）

在电影中，杨索重新回到了原始的、深层次的文化意义上，其中裸体充满了魔法仪式般的内容而不是色情的内容。在他的电影中，裸体的主题是仪式的常规组成部分，自然状态意味着力量——阻止邪恶的力量；或者脱掉身体的覆盖物象征（或可能象征）着向一个新的状态、一种新的存在形式的过渡。

1978 年，皮特·尤萨（Péter Józsa）在一篇精彩的论文中对杨索电影的主题结构进行了分析，除了换装的主题，他还对裸体做出了有意思的阐述。他发现，女性的身体被剥夺了所有的性的内涵，它表达的不是通常的意义（如生命＝母亲的怀抱），而是正好相反的意义，即毁灭和死亡的临近。有意思的是，裸体力求避免的正是这一迫近的悲剧。

"所有这些电影中的斗争，都是男人的斗争。尤其是在危急的情景下，才会短暂地出现女性被脱去衣服的镜头。这些情景的一般特征是什么？"尤萨问道。

在《无望的人们》（*The Roundup*）中：朱利斯被扒光衣服（以便他们可以鞭打她）——因为他们找不到革命先锋队的成员。

在《红军与白军》（*Soldiers Wearing Stars*）中：民女被扒光了衣服（她被疯狂的哥萨克部队追捕）——因为他们找到了一名革命先锋队成员。

在《红军与白军》中：米可拉捷斯卡脱下衣服（她走入水中）——以阻止他们找到革命先锋队的成员（见图10-4）。

图10-4　米克洛斯·杨索的电影《红军与白军》（1967）中的场景

在《静默与呼喊》（*Silence and a Cry*）中：宪兵扒去了两个女人

的衣服；她们原本打算拜访一位当指挥官的亲戚，以防止宪兵寻找革命前线师团的成员。

在《静默与呼喊》中：一个妇女脱掉女儿的衣服，把她献出来，这样他们就不会去搜寻（或许因为他们已经找到）革命党成员。

在这一点上，这三部电影中裸体的功能变得非常清楚。裸体出现在情节的特定高潮节点，以明朗、浓缩和强化的形式，概括并代表了作为电影实际情节的情景——从个体到个体所实施的、对革命暂时或最终的消除（Józsa，1978：105）。

就其最终意义而言，死亡前脱掉衣服指涉裸体过渡状态和自然状态的同一性；并且很可能正是这种过渡性特征使得该主题适合于吸收丰富的符号语义内容。

因此，归根结底，裸体已成为过渡到新的状态（如"启悟"）之转折点类型的象征。至于其文化功能，仪式总是确保从一种状态过渡到另一种状态。不同形式的过渡仪式并没有消失，因为在文化中甚至在我们的后现代社会中，它们仍发挥着重要的作用（Russel，1980：155）。

在此，我们要引用罗兰·巴特（Roland Barthes）论述现代"日常生活"神话的一篇文章，他在其中谈到了20世纪性产业的独特表现之一，即脱衣舞。作为符号学研究的发起者，他在对这些现象的深入分析中，描述了脱衣舞行为从特征上而言与性无关的更深层含义。

脱衣舞——至少巴黎的脱衣舞——建立在如下矛盾之上：脱衣舞娘脱掉了衣服，也由此抛掉了她的性吸引力。因此，从某种意义上说，脱衣舞不过是一种可怕的场面，或者说是"吓人"的场面——仿佛此处的爱欲是一种令人愉悦的振动，仅仅显示其仪式符号就足以彻底地激发性欲，即刻被消解了……所以，与其说脱衣舞旨在揭开秘密的遮掩，还不如说，一旦舞者脱下她那古怪而又不自然的衣服，她就把裸体作为女人的天然服饰呈现；那么，脱衣舞最终会回归到纯粹的肉体概念。（Barthes，1983：121）

电影、古老的民俗仪式和现代社会娱乐仪式（脱衣舞）似乎都遵循着相同的语义模式。它们以象征的形式运作，这些象征的意义可以集中于文本甚至最具对立性的要素——爱欲和对爱欲的否定。

第十一章

深符号：匈牙利文身民俗的符用学

为什么说文身是民俗（folklore）呢？首先，如果我们从稍微广义的角度来考虑民俗——如果我们不再坚持将民俗定义为"基于艺术塑造的语言文本"，我们可以将一系列有趣的文化事实视为民俗的一部分。毕竟，这个词的最初意义是"大众知识"（folk = people；lore = knowledge），即普通民众的知识。更一般性地说，民俗是基于集体知识在某些生活状况下做出的某些选择。采用一般性的定义，它表示有意识地使用和选择某种符号系统，用其支配那种被认为正确或者得体的行为。

因此，文身者的群体（水手、矿工和监狱因犯）从集体知识的宝藏中选择要文到身体上的图案和图画。文身可能存在可由个人选择的某些模式——与民间艺术多少相似。它让我们看到了两个文化符号系统之间相互作用的图形说明，或更确切地说，它为我们提供了民间艺术对文身影响的图形说明（见图11-1）。当然，民间艺术本身也接受官方政治文化的纹章象征（例如国徽、五角星）和宗教意识形态的象征（滴血的心、十字架、万字符），此类文身能在文身图案的母题库中找到（见图11-2）。

传统流行装饰艺术中的一个常见图案，就是从花盆里长出来的花枝或花朵，这在19世纪末20世纪初的文身中很常见。有一种图案呈现的是迷迭香或带叶的树枝围绕着心形标记，图案通常包含一两组首字母和一个日期。在一名上过前线的老兵的手臂上可以看到这种文身模式，他通过演绎

图 11 - 1

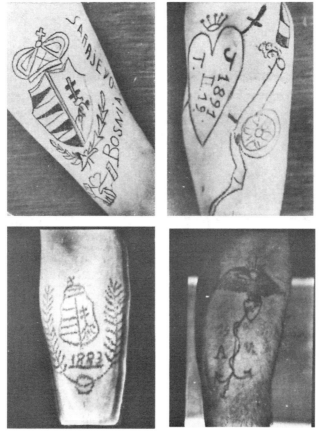

图 11 - 2

一首民歌来夸示自己的文身：JOBKAROMAL VÉDEM A HAZÁMAT/
BALKAROMAL ÖLELEM A BABÁMAT（"用我的右臂保卫我的国家，用我
的左臂拥抱我的爱人"）。民歌和装饰性的图案框定了文身者在文化上的归
属（见图 11 - 3）。

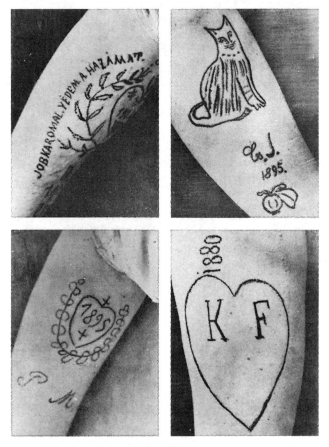

图 11 - 3

郁金香是一种尤其具有特色的民间艺术图案；它经常与心形图案共同
出现——民俗学资料表明，这个组合象征了男女之间的关系。文身的寓意
大概也是如此（根据 1886 年的资料，图 11 - 4）。与这个主题组合相关的
是可以识别为花朵和女人的图形；有几个文身图案描绘了手里拿着一朵花
的女人，或者一位从玫瑰里走出来的女人。也许文身中的文字（图片和文

本不会出现在同一个人身上）——A RÓZSA AZT JELENTI HÚ VAGYOK！
（"玫瑰意味着我的忠诚！"）——对后一个形象做了解释。

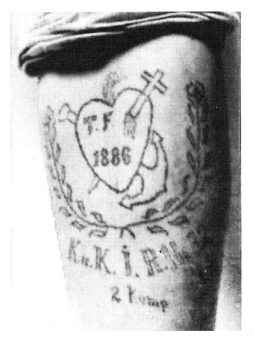

图 11 - 4

　　文身的象征中，更常见的是箭刺穿的心的形象，这也是传统民间艺术象征的一部分；比如说，它作为悲伤的象征（"破碎的心"）出现在古老的墓碑上。在众多文身中，它通常用来表达对心爱的人（母亲或情人）的怀念。

　　虽然图案的符号彼此相似，但它们以多种形式出现；就像民间艺术的主题或民俗的文本变体一样，它们以变体的形式存在。即使绝大多数的文身者属于某种亚文化群体（有前科者群体、海军等军人群体）或职业群体（如矿工群体），但成千上万的图案和文本已经表明，我们正在讨论的材料是非常多的。民俗几乎总是社群性的，属于某个由文化和历史联结的较小社群，我们很少遇到一般化的民俗文化特征或现象。因此，在这方面，文身也有民俗的特征，因为它是群体属性的。文身文字生动地表明，如下这些表达世俗智慧的简单语句主要是监狱民俗的产物：

> 生活就是罪恶
>
> 生活就是冒险
>
> 生活就是一场游戏
>
> 生活就是一块破布
>
> 生活就是泪水之谷

下面是接近挑衅的措辞：

> 我家就是黑社会
>
> 雇佣杀手
>
> 全世界流氓团结起来

在监狱栏杆上，甚至可以找到如下的文身文字：

> 黑暗的天空笼罩着我

（也许并非偶然的是，在这句透出伤感的文身旁边，或者更确切地说在其下方，文着一个半裸的女人。）

监狱栏杆就像指涉航海技术（锚）或拳击手套的各种象征一样，是一个识别性的象征，所有这些象征都可以解释为属于某一特定群体的符号（见图 11 - 5）。因此，可以理解的是，悲伤的事实被如下记录：

> 你儿子在监狱里，哭吧，我的母亲
>
> 我生来就是犯人
>
> 我生来就是出走的街头小孩

最后一例：

> 在这 23 年里，我没有一分钟是开心的

这些文字加强了文身者的自我认同，即使代价是他们在自己的身体上

图 11 - 5　米克罗斯·霍尔蒂（Miklos Horthy）是一名前海军上将，和其他海军水手一样，在他的左臂上有许多文身

留下永恒的印记。文身是某种状态、突然决定的瞬间记录，或是在同伴的激发下做出集体决定的结果：

> 纪念我服兵役的岁月
>
> 纪念艰苦的岁月
>
> 纪念我的艰苦岁月

这里，文身的另一个重要特征突显——回忆（见图 11 - 6）。回忆可能是文身的功能之一，从文身图案中经常出现日期就可以看出这一点。这些数字标志着个人生活史上的重要日期，或者他们认为重要的日期以及他们想要记录的日期。这是时刻的凝结，也是符号生成的时刻。在这一特定的点上，人和时刻成为一体，符号指涉的不是其他东西（正如经典符号理论所教导的那样），而是指向文着符号的人本身。

更确切地说，这个符号可以在他/她自己身上找到，因为它指涉此人，所以在符号和创造及使用符号的人之间形成了一种非同寻常的自反。文身符号具有识别功能，而且更倾向于对身份进行支撑。事实上，对于特定的缩写、名称或首字母组合，又或特定的日期、笨拙绘制的图案所指涉的对象，群体外部的人通常毫无所知。

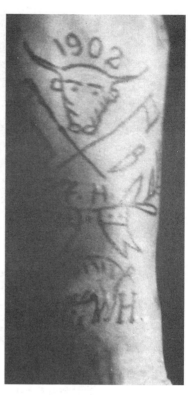

图 11 - 6

只有本人能够理解，且只有本人能够读懂自己身体上的符号，因为其他人（由于衣服遮掩）大多看不到这些。身体符号是个人生活史上重要时刻的符号，还有另一个原因（见图 11 - 7）。高度的以自我为中心体现在文身图案中频繁出现指涉自我（Ego）在场的表达，例如以"我"（I）开头的文身（I'm a vagabond）。

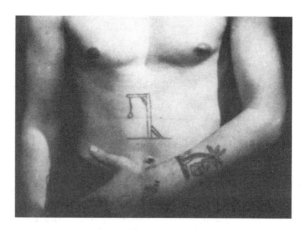

图 11 - 7

以"为了你"（For you）开头的文身也很常见；自己所爱的人成为文

身的理由，名字通常出现在文本的后半部分。因此，文身的重要之处（显然从上面的例子也可以看出）是姿势，这是具有符号价值的行为。创造出歌唱行为的瞬间心理背景，即感情动机，比符号与符号之间的关系更重要（见图 11 - 8）。

图 11 - 8

要使用符号学的语言，符号的符用方面比符形方面更重要。由于它们的可识别性，特定的图像可能具有一些独特的含义，因为一艘船、一只鸟、一棵棕榈树等都是可以理解的或者至少是可以解释的符号。然而，刀和蛇或女人和蛇图案组合的意义并不明显。如果图案是一个坐在新月上的女人、一头狮子、一把伞、一只鹅、一个拿着吉他的女孩和（男囚胸膛上文的）一艘远航的船，它们之间的神秘关系是很难说明的。在图像之间嵌入一些文本，也不会使符义分析的过程变得更加容易，例如：

伙计，如果你害怕了，你就活不下去

死神也会来迎接你

幸福可以用钱买到

爱情可以杀死、毁灭男人

爱情是生活的秘密

此外，我们发现某个人的背部有时会文相当大面积的图案——比如占背部的一半或三分之一，而文身者自己甚至都看不到，这一事实并不能帮助我们给出解释。这样的符号是独立的。

现代生活创造了越来越多的特殊生活方式，这些生活方式日益缩小了个人所属的或能够属于的群体或社群。此外，它还创建了在更长或更短的时间内将个人排除在日常生活的普通世界之外的机构（如医院、监狱、军队、教养所、某些秘密的工作场所等）。更重要的是，当代社会生活创造了独特的风俗习惯，基于范·盖内普著名的"过渡仪式"（rites de passage）模式，我们可以称之为"排除仪式"。

虽然文身可以被认为是一种以痛苦为代价的启悟仪式，但就其深层含义而言，它更适合作为"排除"的仪式。毕竟，文身者用永久的印记标示了自己，从而表明他/她已将自己置于某些社会规范和群体之外。属于异常的少数人意味着被排除。对于占文身者很大比例的有前科者（或服刑人员）创造的文身中的民俗现象世界而言尤其如此。其意义在于，与正常世界隔离的禁闭状态，加强了他们对自由、爱和感情的渴望。缺乏自由则引发了对漫游或环游世界的渴望，因此，文身经常是外籍军团和遥远的城镇（巴格达、伊斯坦布尔、奥兰）的形象。鸟类特别是燕子的形象也很常见；它们象征向远方的飞行，即自由。

由于其禁闭状态，以及文身者缺乏自然的人与人（男女）之关系，因此文身最常见的主题是对女性的大量描绘：从水仙女依鲁斯卡（Iluska）走出湖面，到众多坐着、站立、躺着的全裸或半裸的女性形象。这些形象（单独或成群地出现）在文身的手臂、腿、胸部（或背部）展示着粗陋勾勒出的轮廓之魅力。这是一个逃避现实者幻想的世界，在这个世界，有卡巴莱歌舞表演者或天方夜谭中的苏丹新娘，也可能只有一个名为 Liz 或 Józsi 的普通人（如图 11-9 ~ 图 11-11）。各种女性图案所传达的信息显然就如文身文字直白而简明地表达的信息。

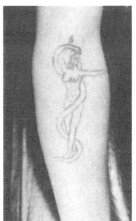

图 11－9   图 11－10

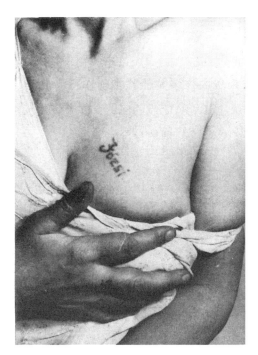

图 11－11

VÁGYOM EGY NÕ UTAN（我爱上一个女人，这是弗朗茨·莱哈尔的匈牙利语歌剧的开头）。

或者更直截了当地说:

SEX A BOLDOGSÁG（性就是幸福）
SEX HILFE（性可能有帮助）

文身信息的显著特征是单词 SZERETET（"爱"或"感情"）及其动词形式频繁出现，不限于匈牙利语。

而文身信息更为显著的特征是文身者提到母亲的频率很高。如果缺乏身体之爱令人痛苦，那么缺乏情感之爱可能更令人痛苦——而那个文着永恒的异常标记的人常常把自己排除在人际关系网络之外。

只有人能够成为自己和他人的符号。在使用符号的过程中，他或她能够将自己变成符号，并且能够将不在场（缺乏自由和感情）解释为符号。他能够画出不在场的符号，并在当下的痛苦冲击下，将生命历史转瞬即逝的时刻转化为恒久的符号。

就像当今民俗领域的许多其他符号创作行为一样，文身也是一种努力。有了文身，个人生活史神话般的回归，在身体表面的边界内建立了一个自足的符号世界。这是人们创造身份的努力。

第十二章

连锁信：当代民俗与传统链

一 匿名信

书信是人类交往的基本形式之一。在过去两三千年的时间里，或者说自从人类写作以来，书信就保存了许多有关人们生活的时代的独特信息。书信一直是文化研究学者的宝藏，现在依然如此。比如说，信仰体系和价值的尺度，也就是说文化的世界观，都隐藏在独特的语言表达背后。姓名与地址、问候语和结尾的书写方式受到社会关系秩序的约束。所有这些以及许多其他文化特征，都能够在对信件的分析中得到解释，因为信件是时代的文献，它承载着历史存在的印记。

1983 年 1 月底，我住在匈牙利乡村的一个小镇上。在一个星期内，我在邮箱里发现了四封匿名信。① 本章是对这些信件的分析，或者说对同一封信的各种变体的分析。我会试图对发送给未知读者的隐藏信息进行解码。

我想处理的另一组问题是：印刷的信件也属于民俗吗？传统意义上的

---

① 我当时住在匈牙利德布勒森市中心，乔波街 4 号。在这四封信中，有三封是手写的，一封是打印的。

民俗是指口头传统。但根据其他标准，这些信件具有民俗产物的特点：写信者不详，结构清晰，包含重复的词组，同时每个样本包含或多或少的差异。它们的传播也类似于民俗文本，唯一的区别是其写作——书信写作适用于特定时刻；其印刷复制的形式，其表达和传播都得益于一种信仰，这种信仰是常识或与此相关的态度的一部分。

就我所知，阿伦·邓迪思（Alan Dundes，1968）是 20 世纪 60 年代中期第一个注意到连锁信的人。在其关于美国城市民俗学的著作中，他开始以这种信件类型为例进行研究（Dundes – Pagter，1975）。

他的解释总结如下：不仅"民间的"（folk）概念（通常限于指农民和下层社会）必须被修改，"民俗"（folklore）这一经常仅指口头传统的概念也必须加以修正。在他看来，现代都市生活已经产生了有自己特色的"民间艺术"，以及常见的民俗。这种现代民间艺术可能无法像前几个世纪那些令人钦佩的作品一样，达到美学的高度，但也有可能在确定这种新的民俗现象时，文本的美学质量尚未确立为一种标准①（在现代艺术的许多流派中都如此，例如：原生艺术、大地艺术、偶发艺术和概念艺术）。尽管如此，这位美国民俗学家（Dundes – Pagter，1975 xviii；Toelken，1968）真诚地认为，许多非语言、书写或印刷文本或插图是城市中生成的民间艺术。恰恰是最后的这种情况，即其形式的多种变体，是民俗本身存在的本质；很难否认这里提到的连锁信也是如此。通过这些例子，我们可以更多地了解传统和现代民俗的生活。

二　文本和分析

在这里，我要给出三个文本，在这些文本中我们可以感受到民间诗歌

---

① 对于当代城市民间艺术，有一批很有意思的文本，由十几岁的受访者向艾格尼丝·海伊（Ágnes Háy）提供，存放于匈牙利科学院民族学研究所档案馆，编号 No. 716。见 Klaniczay，1981：83 – 93。

的独特变体，而这些变体并没有改变文本的本质①。

文本 A

幸运的火焰信

这封火焰信已经传到匈牙利。

这封火焰信必须传遍全世界。

你必须相信，即使你不迷信。

注意以下几点：

1911 年，安妮·科瓦奇接到了火焰信，买彩票中了 700 万。

一位住在西德的年轻人忘了传递给别人，

于是失去了他的报酬。

一个住在东德的女孩赚了 4 万马克，

但毁灭了火焰信，然后就死了。

1982 年，一名匈牙利学生因为火焰信被大学录取了。

这封信现在已经传给你，将带给你好运。

你必须在 9 天内寄出 10 封火焰信。

看看第 9 天会发生什么！

文本 B

幸运的连锁信

这封连锁信已经传到匈牙利，但必须传到全世界。

即使你不迷信，你也必须相信。

1981 年，火焰信传给安妮·科瓦奇，

她买彩票中了 200 万。

火焰信也传给了一个男孩，

但他忘了传递给别人，于是失去了他的报酬。

一个来自东德的女孩赚了 4 万马克，

但她毁了这封信，然后就死了。

---

① 我们搜集到八个此类文本，最后一个于 1983 年 10 月 8 日获取。

这封火焰信已经传给你，将带给你好运和爱。

在 9 天内，你必须抄写 20 次，然后传下去。

看看第 9 天会发生什么！

文本 C

幸运的火焰信

这封信已经从南斯拉夫抵达匈牙利。

危急的事情已经好转。你必须相信，即使你不迷信。

注意以下几点：

安妮·科瓦奇 1971 年收到了火焰信，几天后买彩票就中了 200 万。

一名男孩也收到了火焰信，

但把它忘记了，于是失去了他的报酬。

住在东德的女孩赚了 4 万马克，

但她毁灭了火焰信，然后就死了。

这封信已经传给你，

将带给你好运。

你必须在 9 天内传出 20 份火焰信。

看看第 9 天会发生什么！

三 恒定的和变化的元素

先看标题：

幸运的火焰信
幸运的链锁信

第一个匈牙利语标题本身是一个复合词，而第二个则更具有逻辑性：这些信是以连锁形式发送的。从拼写或听写中的错误来看，这种语音变体可能起源于匈牙利语。

*这封火焰（连锁）信已经传到匈牙利。

下面，我们用斜体标记恒定的（相关的）元素，用星号（＊）标记直接从文本中摘选的陈述。

*这封火焰信必须传遍全世界。
这封连锁信必须流传到全国各地。

如果我们寻找句子的真正含义，我们会发现"火焰"这个词造就了一个毫无意义的句子，但是如果把"连锁"这个词放在"连锁信"中思考，那么这封信的真正目的就变得清晰了：建立一个连锁。值得注意的是，第一句话有一个无可辩驳的陈述：这封信真的掌握在读信者手中，而且我们将在后面看到，这封信完全从现实中剥离且远离现实，从简化的对立极端中建立了一个世界。

*危急的事情已经好转。

这个句子只在文本 C 中出现，我们没有看到已经好转的是什么事。但是，它为下文定下了基调。接下来的两句话是非常奇怪的警告：

*你必须相信，即使你不迷信。

这个句子以各种变体出现。写信者认为，并非所有事情都与信件一致，并试图安慰读信者：他读到的不是民间传说（不是迷信），而是他后来会看到的一系列事实。这句话是下意识口误的典型例子。他说出的正是他不希望说出的。对信念和信任的指涉为其余的陈述提供了逻辑框架。这样的信念在一个"可能世界"① 中放置了由例子建构起来的世界。

*注意以下几点：

---

① 关于"可能世界"的逻辑，见 Hintikka，1969；关于其在民俗学中的应用，见 Hoppál，1977。

有些信中没有出现这个提醒，但有趣的是，信的末尾重复了这个注意项。

警告之后是列举的例子。其中一个文本对例子进行了编号。有三个具有有力证据的故事。换句话说，民间传说中"三"这个广为人知的数字建立了其结构框架。这些故事简化如下：

①一个（匈牙利）女孩收到这封信，赚了很多钱。
②一个（西德）男孩忘了把它传递给别人，失去了他的报酬。
③一个（东德）女孩毁了连锁信，然后就死了。

这些微型故事中有数据的变化，例如安妮·科瓦奇在 1911 年/1971 年/1981 年买彩票中了 200 万或 700 万（还是语音变体：数字二和七在匈牙利语中押韵，这使人们有理由相信这封信是口述给写信者的）。除了这些，一个很有意思的发现就是：它们由完全相反的元素构成。就像在民间故事这种具有代表性的民俗类型中，二元对立显然表明，他们在谈论"神话世界的事实，而不是真实的世界"。

I	II
女孩	男孩
偶然的运气	意外的不幸
（中彩票）	（忘了传递下去）
很多钱	一点儿钱
（百万）	（报酬）
发生在匈牙利	发生在其他地方
注明日期	未注明日期
赚	损失

第二个和第三个例子用成对的有意义的对立形式写下来：

I	II
女孩	男孩
西德	东德
一点钱	许多钱
失去	赚得
无意识的	故意行为
（忘记）	（毁坏）
小惩罚	严重惩罚
失去报酬	（死去）
生活	
死亡	

这种对称的基本对立形式，如男性/女性、东/西、很多/一点儿、小/大、生/死，只是童话的特征，或者是"以二元对立为特征而被描绘出的古老的魔法—宗教系统，其间的一系列对立也包括生/死"（Wasilewski，1983：227）。

基于三个假定的事实，可以在语言的文本逻辑上建立起一个连贯的文本（Grimes，1978：125），对读者来说，它们在逻辑上是一致的。

*这封信现在已经传给你，将带给你好运！

生活和运气有时会奖励安妮·史密斯或科瓦奇，或者泰勒、萨波或任何人，甚至可能是你——亲爱的读者和转发者。

一心购买彩票，相信好运会来！一个女孩很幸运，收到了信，但她犯了罪，把它毁掉了，这就是她招来厄运的原因，而一个男孩由于忘记而没有寄出这封信，因此受到命运的小惩罚。

*这封信必须在9天内寄出10至20份！

现在轮到你了，亲爱的读者！

如果你想成为幸运者，那就建立连锁，把自己纳入信仰的连锁（"即使你不迷信"），并在第 9 天或 9 天内，传递 10 封或 20 封连锁信。简单地说：善有善报。这些例子表明，错误的行为会受到惩罚。这是一个永恒有效的伦理信息，它与金钱，与致富的主题巧妙地联系在一起。这是一个很好的诱饵：谁不想变得富有？读者怀着希望和信任寄出这封短信——复制并根据最近的传统将其放在邻居的邮箱中。值得注意的是，信件是在信封上没有寄件人信息或者没有信封的情况下发出的。因此，该文本根本不是一封信，而是对运气的祈祷。这个祈祷必须一字不差地传递，当然这并不排除变体的出现（Erdélyi, 1974），并且必须重复 10 到 20 次。

这是咒语的现代书面形式，必须在 9 天之内完成，之后必须等待 9 天。

看看第 9 天会发生什么！

这个承诺可以在每个文本的末尾找到。传统上，9 是一个迷信的数字，这是在魔法中"圣徒"重复行动的次数（3×3）。这一召唤会让读者相信，运气、爱情或金钱将在第 9 天到达。我们不难认识到，在这里，神话和民间故事的基本构成要素也被用来赋予文本内在结构：

> 有些东西不见了——现在找到了
>
> 这封信不在匈牙利——已经到了
>
> 有人没有钱——赚了
>
> 这封信不在你手中——已经到了
>
> 迄今为止你错过了好运——现在你可以等待好运！

某物的缺失和最终获得，这是故事结构的基本元素，邓迪思（1972）等人在故事和神话分析中指出了这一点。这个最简单的构成要素可以在文本中多次使用，就像在著名的连锁故事中一样（Hoppál, 1980）。

明显的民俗特征或许可以令人信服：即使信件的传播与习俗的传播不同，但这封信仍是真正的民俗中的一个"碎片"。

四 文件帝国的连锁信

匈牙利版的连锁信中说："这封信已经传遍全世界！"这可能已经发生了。下面是来自美国的一份连锁信（Dundes – Pagter，1975：6）。

> 在内心祈祷
>
> 尽你所能地信仰主，
>
> 并且永远相信他，他会照亮你的路。
>
> 这份祈祷已经寄给你，祝你好运。
>
> 信的原件来自荷兰。
>
> 它已经在世界上转了 9 遍。
>
> 运气已送给你了。
>
> 收到此副本后 4 天内您将有好运。
>
> 这不是开玩笑！
>
> 你将会收到邮件。
>
> 把这封信的 20 份副本寄给你认为需要好运的朋友。
>
> 请不要寄钱。
>
> 不要保留这封信，
>
> 它必须在收到后的 96 小时内发送出去。
>
> 一名美国官员收到 7000 美元。
>
> 邓·艾略特收到 6 万美元，
>
> 但因为他打破了连锁而失去了这笔钱。
>
> 而在菲律宾，麦帕可在收到这封信 6 天后丢了性命，
>
> 因他没有传播祈祷。
>
> 然而，在他去世前，
>
> 他获得了 77.5 万美元的奖金。
>
> 请寄出 20 份，看看第 4 天会发生什么事！

邓迪思的定义值得引用，他将所谓的连锁信定义为民俗的一个小类：
"真正的连锁信是试图形成一个人际传播链，随着每个人的复制，这种连锁
信会以几何级增加。一个人收到一封连锁信，并将5到20份副本发给他/她
所认识的人。"他试图说明连锁信的底层结构，并区分了4个要素："第一，
一个陈述表明这封信实际上是一封连锁信，该陈述类似于童话故事中的开
场白……第二，结构元素是强制命令，通常指示读信者将一定数量的副本
发送给朋友……第三，对奖励的描述是一个重要特点……有时引用先前
'赚钱者'的案例。第四，也是最后一个要素，是给收信者一个警告信息，
告诉收信者如果不遵循指示而打破连锁会发生什么。"（Dundes – Pagter,
1975：4）匈牙利版本的连锁信中包含相同的元素。

邓迪思破译了连锁信的隐藏信息，他认为其传统反映了在美国文化
中取得成功的主要模式之一。连锁信发出的指示暗示着："投入少量，
以期获得投资增值，这正是资本主义的指导原则。"（Dundes – Pagter,
1975：4 – 5）

基本上，在匈牙利的连锁信中也可以找到相同的元素。信的内容集中
在金钱、胜利和运气上。其信息已经失去了宗教特征的表现形式。美国的
连锁信内容仍然以祈祷开始，正如民俗学家已经证实的那样，其隐藏的对
象是资本主义世界观念和行为模式的冲击和传播。换句话说，只需很少的
投资（或者根本没有任何金钱投入）就能迅速获利——唯一可行的方法就
是，按照信件的期望，像其他人一样行事，这样就能获得奖励。但是，如
果你违反法律或打破连锁，换句话说，如果你终止了系统的运作，你将受
到惩罚。相信（运气）意味着生命，不相信则意味着死亡。

在匈牙利，我们每天都会听到类似资本主义的私营企业涌现的消息[1]；
这封信的出现表明"快速致富"这一行为模式。我并不想说，是国家操纵
的大众媒体发起了这些信件的传播[2]。但我想强调的是，民俗总是对社会

---

[1] 关于匈牙利"新"经济机制和最近的小规模"资本主义"企业主，请参看国际媒体的相
关文章。

[2] 甚至匈牙利一流的文学周刊也发表了有关连锁信的一篇文章。见 Domonkos, 1983。

中的变化做出敏锐的反应。很多时候，民俗或民间故事文本都会出现陌生的元素，但是有了它们的帮助，文本的起源都是可以被追溯的。

正如伊姆雷·卡托纳（Imre Katona）和邓迪思指出的那样，另一个例子是笑话，这似乎特别适用于20世纪的大众民俗现象！集体恐惧和集体愿望在文化中寻找一种形式，使自身有机会传播。这些恐惧和愿望就表现为笑话、轶事、庆典和节日，也表现为在保密通信的"神圣性"下传递的童话般的愿望信——很久以前，它们在"神圣"祈祷中得以传播。

在本章的以下部分，我想概述"圣安东尼祈祷"发生的可能的文化历史背景。这里，我想引用一个发生在英国且显然源于连锁信的例子。

《国际先驱论坛报》在1982年圣诞季的头几个星期发现了一个有意思的现象，该现象发生在国际金融中心之一伦敦的股票经纪人和保险公司当中。他们称这个游戏为黄金圈（Circle of Gold）。让我引用其论述：

> 在伦敦，经纪人和银行家认为自己很老道，不会被来自美国的现象所蒙骗。在今年的圣诞节，出现了一种被称为黄金圈的新事物，这是一种连锁信的变体，在纽约证券交易所、劳埃德银行、经纪公司、美国国家广播电台，甚至8月的《泰晤士报》文学副刊都发现过此信的接收者。

> 在工人大量失业的时代，英镑兑美元和德国马克的汇率降低，许多人显然很难抵挡高回报的承诺：投资40美元，收到156250镑（即250000美元）。

> 这个阴谋的运作方式打消了人们的怀疑，尤其是参与者必须支付入场费用，然后再开出相同金额的另一张支票，背面附有信用卡号码，并将其发送给一张有12个人姓名的名单上的第一位。卖方必须看着买方将第二张支票放入邮箱。买方随之把第一个人的名字划掉，在底部添加自己的名字，复印两封信，并试图出售副本以收回投资。

> 伦敦的一位会计师表示：只要有更多的买家，这事看上去非常可靠。问题是，当每个感兴趣的人都购买时，什么时候会达到饱和点

呢？当然，没有人能够回答这个问题，但这个问题并没有给先进入这个圈子的人带来烦恼，其中许多人已经开始收到邮寄的圣诞礼物了。（《国际先驱论坛报》，1982 年 12 月 7 日：第 5 版）

最后，还有一个来自匈牙利的（关于）连锁信如何帮助推进技术进步的独特新例子。在 20 世纪 70 年代中期，一所大学的某位语言学教授①收到一封连锁信，要求他将自己一篇文章的副本发送给页面底部列出的 5 个地址，然后将自己添加到地址列表的底部，并把邮件寄出去。他回忆说，通过这封信，他接触到一位日本学者，后来他们成为好友，他也收到了德国和斯堪的纳维亚的同行的文章。看来，这封连锁信真的已经遍布世界各地了。

五　文化历史笔记

回到匈牙利连锁信的例子，老一辈人把这类文本称为"圣安东尼链"，而不是"幸运链"②。遗憾的是，我们没有四五十年前的文本，所以我们不知道其中有多少内容有宗教内涵。帕多瓦的圣安东尼（1195～1231 年）是欧洲天主教徒心中能够创造奇迹的圣人，穷人认为他是天主教会的救济之主。

在他死后不久，有人写了一首表达对他的敬意的拉丁文诗，其中列出了圣安东尼可以提供帮助的事件：

> Si quaeris miracula: mors, error, calamitas, daemon
>
> lepra fugiunt, aegri surgunt sani. Cedunt mare, vincula,
>
> membre resque perditas petunt, et acciunt juvenes et cani.
>
> Pereunt pericula, cesset et necessitas: narrent hi qui sentiunt dicant
>
> Paduani.

---

① 私人通信：F. Papp（Debrecen）。
② 私人通信：S. J. Petōfi（Bielefeld）。

译文：

如果寻找奇迹：

死亡、罪孽、饥饿、魔鬼和麻风病将会逃离，

病患者将康复。

监禁和大海应予放弃，

年老的和年幼的会找回丢失的牲畜，

肢体将会重新得力。

所有的危险都将消失，

贫穷也是如此，

感觉到它的那些人如是说，

并将这些话告诉那些生活在帕多瓦的人。（Bálint，1977：433）

换句话说，自17世纪以来圣安东尼的祈祷就在匈牙利定期印行，只要吟诵圣安东尼祈祷，苦难就会神奇地消失，圣人的名字已经与这种神奇不可分离。圣安东尼祈祷的匈牙利语版本已成为一种演绎、崇拜和民歌：

那些希望看到奇迹的人，

哦，来到圣安东尼身边，

他驱逐贫穷、罪恶、死亡

和魔鬼，他带来了复苏。

听圣安东尼的祈祷

海让枷锁破碎，

失落的宝库和财富，

老老少少想收回。

危险消失，贫穷过去，

这就是他们在帕多瓦的宣布，

那些谈论、感受

圣安东尼善行的人……（Bálint，1977：434）

如果人们连着 9 个星期的星期二向圣安东尼祈祷，那会使效果更神奇。这种观点源于 18 世纪的匈牙利（Kovács，1897）。

因此，在这种伪祷文最重要的信息所能依附的文化中存在一个古老的元素：如果重复祈祷，人们可以成为奇迹的接收者。我们认为，这是一个有意思的偶然事实：两个圣徒的名字相同，当特兰西瓦尼亚的斯凯利人被驱赶到牧场生活时，他们向圣安东尼祈祷并将家畜留给他看护（Téglás 1908：290）。尽管祈祷的对象是圣安东尼，巴林特（Bállint，1977：145 - 154）认为，在匈牙利，特别是匈牙利南部的南斯拉夫人当中，他们祈祷和祝福（与动物相关）的对象是另一个圣徒——隐士圣安东尼（d. 365）。这位圣人出名的原因是：起源于 11 世纪的传说认为，那些因为麦角苗中毒（一种由面粉污染导致人四肢发红的疾病，会引起痉挛和坏疽）的人都可以在他的坟前被治愈。由于患者四肢发红，这种疾病被称为圣安东尼火症（Berde，1940：221；Grabner，1963；Grynaeus，2002）。

这种疾病有可能与安东尼修道院提纯小麦和面粉、去除污染物的做法相关。由于快速发展的磨面技术，人们得以从这种可怕的疾病中解脱出来。在匈牙利和欧洲其他地方，过去几个世纪以来，人们在同一天向圣安东尼隐士和帕多瓦的圣安东尼表示敬意。因为两位圣徒都是富足与幸运的圣徒、消除疾病的圣徒。人们的祈祷也是出于同样的原因①。

因此，在欧洲（罗马天主教）的信仰体系中，有一组基本上与连锁信一样负载相同信息的文化元素。我的意思是，这种发现在文化中是非常罕见的。连锁信以前可能潜存于系统中，在今天仍然存在。对名称的约定有时会出错，语音层面会出现变化，但其祈祷的功能仍然存在，其目的开始显现，简言之即祝福和祈求财富。

六　传统链中的当代民俗

有观点认为，民俗是源于即兴的口头传统的一部分，它没有最终的

---

① 该文的作者记得他儿时向圣安东尼祈祷，请求帮他将在苏联的战俘父亲带回来。

（如书面的）形式，具有审美特质。最重要的是作为民俗之区别性特征的所谓的社会—历史决定，在当下，它表现为较低的社会阶层中不知名的个体为民俗提供了支撑（1982 年秋天，在欧洲民族学第二次大会上，苏联民俗学家坚定地支持上述观点）。

如果我们重新定义"民间的"（folk）这一术语，我们就会更接近民俗的新定义。我们必须摆脱 19 世纪将"民"（the folk）定义为"农民"（peasantry）的欧洲中心视角，因为现今有超过 70% 的人口过着城市生活。

将"民间群体"定义为"任何具有至少一个共同要素——语言、职业、民族——的个体所组成的群体"，使我们能够认真考虑各种城市群体的民俗。工会、工业企业、民权团体、嬉皮士都是具有自己特殊传统的都市民间群体。（Dundes – Pagter，1975：xv，另见 Dundes，1978）

这一界定拒绝精英主义所谓的"底层群体"（vulgus in populo）观点，在理论上认为在一个特定的文化或社会中个体是平等的，至少在真实而独特的民俗生产中如此。

民俗（folklore）这个词的第二个要素"lore"表示知识，根据最新的定义，它也指一个社群由历史决定的社会意识（Hoppál，1983）。这种意识不仅包括口头传统的文本，还包括其他类型的知识，整体而言即日常社会实践之指导性规则。

如此，我们就必须重新思考当代民俗的意义和当今日常民俗的概念。

在讨论当今的民俗问题时，我同意维尔莫斯·沃伊特的观点，即可以对当今的民俗分别下一个狭义上的和广义上的定义。上文引用的定义和传统的定义一致。沃伊特认为，生存现象是当今民俗的重要方面，"我们可以在三个不同的领域展开研究：我们可以研究一些始终存在的元素（例如现在的命名习惯、教父教母体系、婚礼上的歌舞）；或者现存的但是经历了相当明显的功能变化的元素（例如非教会婚礼、葬礼、男人和女人的节日服装）；最后是'新'现象（旅游、观看电视、汽车和大篷车、私人博物馆、私人收藏、工人的编年史撰写或本地史俱乐部）。其中的每个现象都可以用民族志、民俗学和其他（社会学、文化、交流等方面的）方法进行研究，而我们可以肯定地说，只有民族志的和民俗学的研究才能充分再现这些现象和各个方面"（Voigt，1983：5）。

根据沃伊特的说法，当代民俗是可以根据其变化加以记录的旧传统的变体。尤其是最近涌现的现象——那些当今大众媒体所特有的现象，表现出许多特质，如特定行为方式的大众化和匿名性，无论是言语的还是言语之外的（比如舞蹈和歌曲）皆如此。在民俗中，社群的要求是"组合而成的"，这样它就能够不时地对社群的身份意识进行再生产。[①] 亲密关系意识只能由群体行动形成，最好是以同样的方式形成（例如群体祭祀，葬礼、婚礼等共同举行的仪式）。换句话说，在民俗的帮助下，个体对于社区的归属感得到了再生产。

印刷的连锁信是通过根据不可见的预期完成一项行动将个人连接到某种链条上去，在我们讨论的例子中，这一链条是社群对于奇迹的期待。同样，祈祷或咒语是真实的言语行为；每一个类似的连锁信的复制都可以被视为民俗行为。通过该行为而产生的文本是众多文化文本之一，在类似的或几乎类似的变体所构成的链条中，它成为现有文化的一部分。[②]

考虑到以上分析，并作为对本章开头提出问题的回应，我认为以"幸运的火焰信"为标题的连锁信，是当代民俗的一个典型例子，原因如下。

1. 它存在于变体之中，这些变体可以在文本的语音、句法和语义层面找到（就像古典民俗作品一样）。

2. 和很久以前一样，它的传播是一个连绵不绝的链条，即使它不是口口相传，而是用手传递。它以书面形式流通，类似于农民自传以及人们都认为是民俗的半民间诗歌。

3. 信件的结构和元素类似于其他民俗文本（二元、对立、三重结构、神奇数字九的使用等信仰元素），其用法与民间祈祷和咒语接近。我们可以说，这一文本是日常生活的世俗祷告。

---

① 在传统链中每个文本都各有其位、各有其重要性。见 Bauman，1982：16。

② 关于"天堂来信"，见《民俗》，28（1917）：318 - 320；Heim，1961；Ujváry，1980。

4. 这一日常特性是当代民俗最为明确的特征之一。传统的民俗学有自己核心的审美角度，对日常生活中的民俗讨论不多。

5. 通过社群所接受的信仰和价值体系，人们相信梦想（快速致富）成真，害怕警告（不要打破链条），接受重复的压力和无意义的、不正确的多次陈述。它是某个社群的产物，其复制是靠个人的努力（手写、用打字机打印或用复写纸复印），或者简单地说，它是我们时代的典型产物。即使我们使用现代技术的工具再生产民俗，民俗仍然是民俗（民歌即使是录制的也仍然是民歌，就像民间故事呈现在印刷品上仍然是民间故事一样——或者有个基本的问题是：它真的会保持不变吗？）

这封"天堂来信"的文本是传统链中的一环——它可能是链条的开始，也可能是对中世纪的圣人的祈祷，还可能是新的迷信的一部分。它在传统的民间传说中有先例，正如我们所看到的那样，它将永远有先例，因为它将永远被复制和传播。

七　中国谚语

关于钱

钱可以买房子

但买不了家

钱可以买时钟

但买不了时间

钱可以买一张床

但买不了睡眠

钱可以买一本书

但买不了知识

钱可以买医疗服务

但买不了健康，

钱可以买地位

但买不了尊重

钱可以买血

但买不了生命

钱可以买性

但买不了爱

这个中国谚语

能够带来幸运，

它的传播源于

荷兰。

这个谚语在世界各地

传了八遍，

现在该你拥有好运了，因为你已经收到信。

这不是笑话，

你的运气会来，

通过邮件或网络。

寄一份复本

给那些真正需要运气的人。

不要寄钱，

因为你不能买运气，

也不要把它保存超过 96 小时（4 天）。

举几个例子，有些人收到谚语后

获得了好运：

康斯坦蒂，1953 年首先收到信，

让他的秘书复制了

20 份。

9 个小时后，

他在国内买彩票

中了 9900 万美元。

卡洛斯，本来有工作，

收到同一封信后，

没有发送，几天后

他失去了工作。

几天后，他改变了想法，

发出了信，

然后变富了。

1967 年，布鲁诺收到了这封信，

他嘲笑了这件事情，

并且抛弃了它。

几天后，

他的儿子生了病，

他找到了这封信，

制作 20 份并发送出去。

9 天后，他得到了好消息：

他的儿子安然无恙。

这封信是由

安东尼·德·克劳德发送，

他是南非的传教士。

在 96 小时之内，

您必须发送此信。

只要你遵守了这封信上的要求，
你的好运会在从你收到卡片时的
4 天内到达。

这是真的。
这封信是祝你好运的。
幸运终于眷顾于你。

寄 20 份给熟人，
朋友和家人。
有一天你会得到
好消息或惊喜。

我发送了这封信，
希望它能传遍世界。

只需要发送 20 个副本，
接下来的几天内
你会得到好运。

切记：
不要修改我发给你的文本，
按照你收到的时候的样子
复制它。
祝你好运！
J. A. B.

参考文献

ABERCROMBIE, M. L. J.
  1973 Face to face. In: DOUGLAS, M. (EDS.) *Rules and Meanings.* 92-94. Harmondsworth: Penguin.
ÀHLBECK, T. —BERGMAN, J. (EDS.)
  1991 *The Saami Shaman Drum.* Ábo—Stockholm: Almqvist—Wiksell.
ANDREW, G. E.
  1983 *For-get-me-nots of Yesteryears.* (Unpublished manuscript).
ANISIMOV, A. F.
  1963 Cosmological Concepts of the Peoples of the North. In: MICHAEL, H. N. (ed.): *Studies in Siberian Shamanism.* 157-229. Toronto: University of Toronto Press.
AMUCHIN, V. I.
  1914 Ocherk shamantsva u Jeniseiskikh ostyakov [Study on Shamanhood of the Jenisei Ostyaks] In: *Sborntk Muzeya Antropologiii Etnografii* II: 1. St. Petersburg.
ANNIVERSARY,
  1959 50th Anniversary of the William Penn Fraternal Association — Branch 132—V. November 13. South Bend.
ARDENER, E.
  1971 Introductory Essay. In: ARDENER, E. (ed.): *Social Anthropology and Language.* IX-CII. London: Tavistock. /ASA Monographs 10./
A SOUTH BEND—I MAGYAROK
  1932 *A South Bend-i magyarok 50 éves letelepedésênek emlékkonyve (1882-1932).* (Memory-book for the 50th anniversary of the settling of the Hungarians in South Bend] South Bend: Városi Élet Kiadó.
B. IRÁNYI, L.
  1976 A szokások változása Mónosokoron. [Transformation of Folk Customs] *Folklór Archivum* 5: 5-62.
BAER, E.
  1984 How Do Reflexive Systems Communicate? In: PEIC, J. et al. (eds.): *Sign, System and Function* 1-11. Berlin—New York—Amsterdam: Mouton Publishers.
BAKKA, E.
  1975 *From Naturalism to Schematism in Artie Art. Paper for a Symposium on Art,* Artisan and Societies at Leicester (MS).
BAKOF
  1987 *Palócfôldi lakodalom.* [Wedding in Northern Hungary] Budapest: Gondolat Kõnyvkiadó.
BALAÂZS, M.
  1891 Szilágysági néprajzi adalékok. [Some Ethnographic Data] Ethnographia II: 206.
BALDICK, J.
  2000 *Animal and Shaman: Ancient Religions of Central Asia.* London — New York: Tauris.
BÁLINT, S.
  1977 *Ünnepi kalendárium* I. [Calendar of Holidays L.] Budapest: Szent István Társulat.
BALZER, M. M.

1994. Flights of the Sacred: Birds and Symbolism in Siberian Shamanism. *Archaeological Journal*23: 41-53.

BÁN, A. — FORGÁCS, P. (EDS.)

1984. *Családifotó I.* [Family photography I.] Budapest. /Vizuális Antropológiai Kutatás Munkafuzetek II./

BARAN, H. (ED.)

1976 Semiotics and Structuralism: headings from the Soviet Union.*White Plain, N. Y: International Arts and Sciences.*

BARTHES, R.

1967 *Elements of Semiology,*New York: Hill and Wang.

1983 *Mitolóffák,*[Mythologies] Budapest, Gondolat Kõnyvkiadó.

1985 *Világos kamera — Jegyzetek a fotográfiáróL*(La chamre Claire. Paris 1980) Budapest: Europa Kiadó.

BASILOV, V. N.

1986 The Shaman Drum among the Peoples of Siberia. Evolution of Symbolism.In: LEHTINEN, I (ed.):Tracesof the CentraAsian Culture in the North. 35-51. Helsinki: Snomalais-Ungrilainen Seura.

BAUMAN, R.

1982 Conception of Folklore in the Development of Literary Semiotics. *Semiótica 39:* 1-20.

BECKER-OHRN, K.

1995 The Photo Flow of Family Life: A Family Photograph Collection. Folklore Forum13: 27-35. Bloomington: Indiana University.

BENeS, B.

1975 Semiotisches Zeichensystem des gesprochenen und des geschriebenen Textes in der Volksdichtung der Gegenwart. *Acta Ethnographica*94: 1-2; 129-145.

BENKOCZY, E.

1905 Nógrád megyei babonák. [Superstitions] *EthnographiaXVI:*103.

BERDE, K.

1940 *A magyar nep dermatológiája* [Hungarian folk dermatology] Budapest.

BERGER, P. L. — LUCKMAN, TH.

1967 *The Social Construction of Reality.Harmondsworth: Penguin Books.*

BERKO, D. G.

1910 *Az Amerikai Magyar Népszava Jubileumi Diszalbuma (1899-1909).* [The American Hungarian People's Voice Jubilee Album (1899-1909)]. New York: Amerikai Magyar Népszava.

BIANCO, C. —ANGIULI, E. (EDS.)

1980 Emigrazione -Emigration.*Bari: Dedalo.*

BIHDELMAN, T.

1968 Some Nuer Notions of Nakadness, Nudity and Sexuality. *Africa* 38:114-131.

BOCSKAY, G.

1972 *Chicago és kornyéke magyarságának címtára. South Bendtõl Milwaukee-ig.*[The address book of Hungarian in and around Chicago. From South Bend to Milwaukee] Chicago: Bocskay's Peace Publ. Co.

BOEKDAM, J. — OoSTERBAAN, M. W

1980 Family Photographs--A Sociological Approach. *The Netherland's Journal of Sociology*16: 95-119.

BOGATYREV, R.

1971 The Functions of Folk Costumes in Moravian Slovakia, *The Hague: Mouton.*

BOON, J. A.

1982 Other Tribes, Other Scribes: Symbolic Anthropology in the Comparative Study of Cultures, Histories, Religions, and Texts. *Cambridge: Cambridge University Press.*

BOSNYAÁK S.

1979 A moldvai csángók mondáiból. [Chango Legends from Moldva] *Janus Pannonius Museum Evkonyve*177-178.

BOUISSAC, P. — HERZFELD, M. —POSNER, R. (EDS.)

1986 Iconidty, Essay on the Nature of Culture.*Tübingen: Stauffenburg.*

BOURDIEU, R

1973 The Berber house. In: DOUGLES, M. (ed.): *Rules and Meanings.*98-110. Harmondsworth: Penguin.

1982 A fénykép társadalmi definíciója. [The Social Definition of Photograph] In: HORAÁNYI Õ. (ed.): *A. sokarcú kép.* 226-244. Budapest: Tõmegkommunikációs Kutatókõzpont.

BROMS, H. —GAHMBERG, H.

1983 Communication to Self in Organizations and Cultures. *Administrative Science Quarterly* 28: 482-495.

BROMS, H.

1985 AJkukuvienjaljilla --Kulttuurin semiotiikkaa,*Porvoo: Sõderstrõm.*

CENTENNIAL JUBILEE

1982 Centennial Jubilee Commemorating the 100th Anniversary of the Hungarian People's Settlement and the 5ff[b] Anniversary of the Hungarian Radio Hour South Bend, Indiana.*(South Bend).*

CHEVAUER, J. — GHEERBRANT, A. (EDS.)

1974 Dictionnaire des Symboles.*Paris: Payot.*

CHRISTIAN, D.

1978 Inversion and the Erotic: The Case of William Blake. In: BADROCK, B. A. (ed.): *The Reversible World.*117-128. Ithaca—London: Cornell University Press.

CIRLOT, J. E.

1971 *A Dictionary of Symbols,*London & Henley: Roudedge and Kegan Paul.

CONKEY, M. W

1980 Context Structure and Efficacy in Paleolithic Art and Design. In: LE-CRON-FOSTER, M. —BRANDES, S. H. (eds.): *Symbol as Sense.*224-248. New York & London: Academic Press.

CORRADI MUSI, C. A CURA DI

2007 Simboli e mti della traditzione sdamanica.*Bologna: Università di Bologna.*

CRITCHLOW, K. —CARROL, J. —LEE, L. V.

1980 II labirinto di Chartres come possible modello del'universo. *Conosenza Religiosa 454:*357-374.

CSÍKSZENTMIHÁLYI, M. — ROCHBERG-HALTON, E.

1981 The Meaning of Things— Domestic Symbols and the Self.*Cambridge & London: Cambridge University Press.*

CUNNINGHAM, C. E.

1973 Order in the Atoni house. In: NEEDHAM, R. (ed.): *Right and Left Essays on Dual Symbolic Classification.*204-238. London: The University of Chicago Press.

DANIEL, E. V.

1984 *Fluid Signs: Being a Person the Tamil Way,* Berkeley: University of California Press.

DAVIS, W.

1986 Origins of Image Making.*Current Anthropology*27:3:193-215.

DE VRIES, A.

1981 *Dictionary of Symbols and Imagery.*Amsterdam — London: North Holland Publisher.

DÉEGH, L.

1977-1978 Grape-harvest Festival of Strawberry Farmers: Folklore or Fake? *Ethnologia Europae*X: 2: 114-131.

1979 Folklore of the Békevár Community. In: BLUMSTOCK, R. (ed.) *Békevár: Working Piters on a Canadian Prairie Community* 13-64. Ottawa: National Museum of Man

1980 The Ethnicity of Hungarian Americans. In: *Congressus Quintus Internationalis Fenno-Ugristamm.* Pars IV: 255-290. Turku: SKS.

DEN HOLLANDER, A. N. J.

1960-1961 The great Hungarian plain: A European frontier area. *Comparative Studies in Society and Histoiy* III: 74-88; 155-169.

1980 *[1947]* Nederzettinvormen en problemen in de groote hongaarsche laagvlakte; een europeesch ' Jrontier ' gebied.*Amsterdam. (Hungarian edition:Az Al*földtelepülései és lakoi.Budapest: Mezõgazdasági Kiadó, 1980.)

DEVLET, M. A.

1976 Petroglify Ulug-Khema.*Moskva: Nauka,*

1980 Petroglify Mugur-Sargola.*Moskva: Nauka.*

2001 Petxoglyphs on the Bottom of Sayan Sea Mount Aldy-Mozaga (Part 2). *Antropology and Archeology of Eurasia*40: 2: 7-94.

DIAMOND JUBILEE

1984 Diamond Jubilee commemorating the 75th Anniversary of William PENN Association Branch *132 (1909-1984). (South Bend)*

DIOSZEGI, V.

1968 The Problems of the Ethnic Homogenity of Tofa (Karagas) Shamanism. In: **DIÓSZEGI,** V. (ed.): *Popular Beliefs and Folklore Traditions in Siberia,* 239-329. Budapest: Akadémiai Kiadó.

DOLGIKH, B. O.

1996 Nganasan Shaman Drums and Costumes. In: DIOÓSZEGI, V.— HOPPÁL, M. (eds.): *Shamanism in Siberia.*68-78. Budapest: Akadémiai Kiadó. /Bibliotheca Shamanistica 2./

DOMONKOS, L.

1983 Szerencse lángja. [The flame luck] *Élet és Irodalom* XXVII: 20: 1.

DORSON, R. M. (ED.)

1983 *The Handbook of American Folklore.*Bloomington: Indiana University Press.

DOUGLAS, M.

1970 *Natural Symbols.*London: Barrie and Rockliff — The Gresset Press.

DREYFUS, H. —RABINOW, P.

1983 Michael Foucault Beyond Structuralism and Hermeneutics. *Chicago: University of Chicago Press.*

DUNDES, A.

1968 Chain letter: A folk geometric progression. *Northwest Folklore*1: 13-19.

1969 Thinking ahead: A folkloristic reflection of the future orientation in American worldview. *Anthropological Quarterly* 42: 53-72.

1972 *Az êszak-amerikd indián mesék struktürális tipolóffája,* [Structural typology of North American indian folktales] Hungarian translation ex DUNDES, A.: *The study of folklore.* 206-215. Englewood Cliffs, 1965. In: HOPPÁL, M. —

VOIGT, V. (eds.): *Strukturálisfolkloriszika*II. 168-181. Budapest — Szolnok: MTA Néprajzi Kutató Csoport — Damjanich Múzeum.

1978 Who are the folk? *Essays infolkloristics1-21.* New Delhi — Meerut: Folklore Institute.

1980 Projection in Folklore: A Plea for Psychoanalytic Semiotics. In: *Interpreting Folklore* 33-61. Bloomington: Indiana University Press.

1988 *Interpreting Folklore.* Bloomington: Indkna University Press.

DLNDES, A. —PAGTER, C. R.

1975 Urban folklore from the Paperwork Empire.*Austin:American Folklore Society.*

ECO, U.

1972 Introduction to a Semiotics of Iconic Signs. *Versus 2:*1: 1-15.

1973 Social Life as a Sign System. In: ROBEY, D. (ed.): *Structuralism: An Introduction.* 57-72.Oxford: Claredon Press.

1976 *A Theory of Semiotics.* Bloomington: Indiana University Press.

EIMERMACHER, K.

1987 Cultural Semiotics in the Soviet Union. *Bochum: Studienverlag.*

EL GUINDI, F.

1983 Some methodological considerations for ethnography. In: OOSTEN, J. — RTJIJTER, A. de (eds.): *The Future of SiructuraSsm: Pepers of the IUAES-Intercongress Amsterdam* 1981. 95-125. Gottingen: Herodot.

ELIADE, M.

1964 Shamanism: Archaich Techniques of Ecstassy.*New York: Bollingen Foundation.*

ELLEN, R. F,

1979 Cognitive models and 'Total structures'. In: MOYER, G. A.- et al. (eds.): *The Nature of Structure.*95—145. Leiden: Institute of Cultural and Social Studies Leiden University. /ICA Publications 45./

EL-SHAMY, H. M.

1972 Mental Health in Traditional Culture: A Study of Preventive and Therapeutic Folk Practices in Egypt. Catalyst (Fall) 13-18.

ERDELY, St.

1964 Folk singing of the American Hungarians in Cleveland. *Ethnomusicology* VIII: 1: 14-27.

1968 Research on Traditional Music of Nationality Groups in Cleveland and Vicinity. *Ethnomusicology* XII: 2: 245-250.

1978 Traditional and Individual Traits in the Songs of three Hungarian-Americans. Selected Reports in Ethnomusicology III: 1: 99-148. Los Angeles: Univ: of California Press.

ERDÉLYI, ZS.

1974 Hegyef bágék, lotòl lépék.... (Archaikus nepi imádságok) *[Archaic Hungarian folk prayers] Kaposvár. /SomogyiAlmanach 19-21./*

FERGUSON, G.

1961 *Signs and Symbols in Christian Art,* New York—Oxford: Oxford University Press.

FISCHER, H.

1977 *Gay Semiotics,* San Francisco: NFS Press.

FROLOV, B. A.

1979 On the conceptions of number seven among Siberian peoples. *Drevnaya Sibir4:*294-303. Novosibirsk: Nauka.

FUNK, D. A.

2003 Tuvanian Shaman Sonchur Tozhu and his Drum. *Acta Ethnographica Hungarica 48:*3-4: 451-464.

GADAMER, H.-G.

1984 *Igazság és módszer.* [Truth and method] Budapest: Gondolat Kõnyvkiadó.

GALDSTON, I.

1972 Comments on world views by W. T. Jones. *Current Anthrapology* 13:1: 95-97.

GANS, H. J.

1979 Symbolic Ethmicity: The Future of Ethnic Groups and Cultures in America. *Ethnic and facial Studies*2: 1: 1-19.

GARVIN, P. L.

1977 Linguistics and Semiotics. *Semiótica*20:1-2:101-110.

GEERTZ, A.

1992 The Invention of Prophecy. Continuity and Meaning in Hopi Indian Religion. Aarhus: Brunbakke.

GEERTZ, CL.

1957 Ethos, world-view, and the analysis of sacred symbols. *Antioch Review* 17: 421-437.

GELLNER, E.

1973 The savage and the modern mind. In: HORTON, R. — FINNEGANN, R. (eds.): *Modes of Thought.*162-181. London: Faber.

1978 Notes towards a theory of ideology. *L'Homme*18: 3-4; 69-82.

GILMORE, D.

1977 The social organization of space: Class cognition and residence in a Spanish town. *American Ethnologist*4: 437-451.

GLOB, P. V

1969 *Rock Carvings in Denmark.*/Jutland Archeological Society Publications VII./

GOFFMAN, E.

1959 The Presentation of Self in Everyday Life. *Garden City, N. Y: Doubleday.*

GOLD, G. L. (ED.)

1984 *Minorities and Mother Country Imagery.* Memorial University of Newfoundland: Institute of Social and Economic Research.

GOLDEN JUBILEE ALBUM

1932 Golden Jubilee Album of the Magyar People in South Bend, Indiana (1882-1932). *South Bend: City Life Publication.*

GOLOPENTIA—ERETESCU, S.

1973 Problems of Ethnosemiotics in Folkloristics (in Hungarian). *Ethnographia* 83: 542-576.

GONDA, J.

1983 Die Bedeutung des Zentrums in Veda. In: DUERR, H. R (ed.): *Sehnsucht nachdem Ursprung.*374-393. Frankfurt am Main: Syndikat.

GRABNER, E.   .   .

1963 Das Heilige Feuer, Antonius-feuer. Rotlauf und 'Rose'als volkstümliche Krankheitsnamen und Ihre Bedeutung in der Volkmedizin. *Osterreichische Zeitschriftfur Volkskunde*XVII:66: 77-95.

GRABURN, N. H. H. **—STRONG,** B. S.

1973 Circumpolar Peoples: An Anthropological Perspective.*Pacific Palisades: Good-year Publications.*

GRACHOVA, G. N.

1978 A Nganasan Shaman Costume. In: DióOSZEGI, V. —HOPPÁL, M. (eds.):

Shamanism in Siberia.315-323. Budapest: Akadémiai Kiadó.

GRÁFIK, I.

1974 Az udvar és a ház mozgásvilága. [Begegungswelt des Hauses und des Hofes] *NéprajziÉrtesítõ* 56: 87-103.

1975 Property Sign Examination Through Enthropy Analysis. *Semiotica*14: 3: 197-221.

GRÁHK, I. —HOPPÁAL, M. — VOIGT, V.

1976 Ethnosemiotics in Hungary (1968—1975). *Acta Ethnographica* 25: 392-394.

GRÁHK, L.—VOIGT, V. (EDS.)

1981 *Jel és kultura.* [Sign and Culture] Budapest: Akadémiai Kiadó.

GREIMAS, A. J.

1973 Reflexion sur les objects ethno-semiotiques: Manifestations poetique, musicale et gestuelle. In: *Actes du Premier Congres International d'Ethnologie Europeenne.* 63-72. Paris.

GREIMAS, A. J. — COURTS, J.

1979 *Semiotique — Dictionnaire raisonè, de la theorie du language.* Paris: Hachette.

GRIMES, J. E.

1978 Narrative studies in oral texts. In: DRHSSLER, W. (ed.): *Current Trends in Textiinguistics* 123-132. Berlin — New York: De Gruyter.

GROSS, L.

1980 Sol Worth and Study of Visual Communication. *Studies in Visual Communication* 6. 3: 2-19.

GRYNAEUS, T.

2002 *SzentA.ntal tüze.*Budapet: Akadémiai Kiadó.

GUIRAUD, R

1978 *Dictionnaire Erotique.* Paris: Payot.

GULYÁS, É.

1976 Jászdózsai hiedelmek. [Folk Beliefs] *FolklórArchívum*4: 7-186.

GUNDA, B.

1973 Sex and *Semiotics. Journal of American Folklore* 86: 143-151.

HAJDU, V.

1932 Az elsõ félévszázad alatt. [During the first fifty years] In: *Golden Jubilee Album of the Magyar People in South Bend, Indiana (1882—1932).* 17-22, 46- 67. South Bend: Városi Elet Kiadása.

HALL, E. T.

1966 *The Silent Language.* Greenwich, CT: Fawcett.

1969 *The Hidden Dimension.* New York: Doubleday.

1975 *Rejtett dimenziók,*[Hungarian edition of The Hidden Dimensions] Budapest: Gondolat Kõnyvkiadó.

1977 *Beyond Culture.* Garden City, N. Y: Anchor Books.

HARVA, U,

1938 *Die Keligiõsen Vorstellungen der altaischen Volken.*Helsinki: Academia Scientiarum Fennica /Folklore Fellows Communications 125./

HEIM, W.

1961 *Briefe zum HimmeL* Basel: Krebs.

HEINE-GELDERN, R.

1930 *Weltbild und Bauform in Siidostasien.* Wiener Beitrage zur Kunst und Kulturgeschichte AsiensTV: *28-78.*

HERZFELD, M. — LENHART, M. D. (EDS.)

1982 *Semiotics 1980.* New York: Plenum.

HERZFELD, M.

1981 Meaning and Morality: A Semiotic Approach to Evil Eye Accusations in a Greek Village. *American Ethnologist* 8: 560-574.

HINTIKKA,J.

1969 *Models for Modalities.* Dordrecht: Reidel.

HIRSCH, J.

1981 Family Photograph: Content, Meaning, and Effect *New York: Oxford University Press.*

HOFER, T. — FEÉL, E.

1979 *Hungarian Folk Art.* Oxford: Oxford University Press.

HOFFMAN, G.

1911 *Csonka munkásosztály — Az amerikai magyarság.*[An incomplete working class — The American Hungarians] Budapest: A Magyar Kõzgazdasági Társaság kiadása.

HOPPAÁL, M.

1970 *Egy falukommunikácios rendszere* [Communication system of a Hungarian village] Budapest: Mass Communication Institute.

1971 Jegyzetek az etnográfiai szemiotikához. [Notes on Ethnosemiotics] *Népi Kultúra — Népi Társadalom* 5-7: 25-43.

1973 Semiotic Research in Hungary. *Acta Ethnographica* 22: 201-216.

1975 Folk Beliefs and Shamanism of the Uralic Peoples. In: HAJDUÚ, R (ed.): *Ancient Cultures of the Uralian Peoples.* 215-242. Budapest: Corvina Kõnyvkiadó.

1976 Mythology as a System of Signs. [Semiotic trends in Soviet Comparative Mythology] *SlavicaXIV:* 181-195.

1976 Széki hiedelemtõrténetek. [Belief Stories from Szék]*Folklor Archivum*5:
    63-91.

1977 A mítosz poetikája és logikája. [Mytho-poetics and mythologies] In: JóOzsa, P. (ed.) *Jel és jelentés a társadalmi kommunikációban* 24-49. Budapest: MTA Szemiotikai Munkabizottság.

1977a Bevezetés az etnoszemiotikába. [Introduction to Ethnosemiotics] *Népi Kultúra — Népi Társadalom* 10: 49-72.

1977b Etnoszemiotdka. *Magyar Néprajzi Lexikon*1. 745-746. [Entry for the Lexicon of Hungarian Ethnography]. Budapest: Akadémiai Kiadó.

1978 Symbols of hove in Hungarian Folk Art. *Budapest. /Folklor Archivum* 9/1979a Codes and/or Cultures — Approaches to Ethnosemiotics. In: JOZSA, P. (ed) *Studies in Cultural Semiotics* 5-32. Budapest: Institute of Culture.

1979b On belief systems. In: BURGHARDT, W. — HÕLKER, K. (eds.): *Textprocessing- Textverarbeitung.* 236-253. Berlin — New York: Walter de Gruyter.

1980 Genre and Context in Narrative Event Approaches to Verbal Semiotics. In: HONKO, L. — VOIGT, V. (eds.): *Genre, Structure, and Reproduction in Oral Literature* 107-128.Budapest. /Bibliotheca Uralica 3.

1981 *Ethnic Symbolism as Folklore communication.*Paper presented at the first American-Hungarian Folklore Symposium on Contemporary Uses of Folklore in Ethnic Frames. Budapest (MS).

1982 Varsányi hiedelmek. [Folk Beliefs from Varsány] *Folklór Archivum*14: 222-247.

1983a Form Structuralism to ethnosemiotics. In: OOSTEN, J. — RUIJTER, A. du (eds.): *The Future of Structuralism. Papers of the*

*IUAES-Intercongress Amsterdam 1981.*75-94. Gottingen: Herodot.

1983b Proxemics; private and public: Community and communication in a Hungarian village. In: HOLLOÓS, M. - MADAY, B. C. (eds.): *New Hungarian Peasants: An East Central European Experience with Collectivization.*245-271. New York: Brookljm College Press. /East European Monographs 134./

1984 Hungarians in South Bend, Indiana. *Journal of Folklore Research* 21: 2-3; 245-246.

1986 Hagyományorzés és azonosságtudat — Magyar munkásélet Amerikában [Tradition and identity among Hungarian workers in America] *Muheljy* 4: 31-40.

1987 Magyar munkásünnep Amerikában — Etnikus jelképek a társadalmi kommunikációban. [Hungarian workers，festivity in America — Ethnic symbols in socialcommunication . *Jel-kep* V I I I . 3: 108-117.

1988 *"Futásomat megfutottam..."* — *Vallási élet egy amerikai magyar kozõsségben.* [Religious Life in an American-Hungarian Community] (MS).

1989 Family Photography of American-Hungarians. *Hungarian Heritage*11: 79-88.

1992 On the origin of shamanism and the Siberian rock art. In: HOPPÁL, M. — SIIKALA, A. L. (eds.): *Studies on shamanism.*132-149. Budapest: Finnish Anthropological Society — Akadémiai Kiadó.

1994 *Schamanen und Schamanismus.* Augusburg: Patdoch.

2002 *Das Buck der Schamanen: Europa und Asien.*München: Ullstein.

2003 Signs and Symbols in Siberian Rock Art. In: TARKKA, L. (ed.): *Dynamics of Tradition. Perspectives on Oral Poetry and Folk Beliefs,*171-183. Helsinki: Finnish Literature Society.

2005 *Samanok Eurazsiaban.* [Shamans in Eurasia] Budapest: Akadémiai Kiadó.

2007 *Shamans and Traditions .* Budapest: Akadémiai Kiadó.

HOPPÁL, M. — SZEKCSÕ, T. (EDS.)

1987 *Ertekek es valtozasok* [Values and Changes in the Hungarian Society] Budapest: Mass communication Institute.

HORÁNYI, Õ.

1975 Culture and Metasemiotics in Film. *Semiotica* 15: 3-2; 265-284.

1982 Néhány megfontolás egy vizuális szõvegelmélethez. [Aproaches to Visual Text Theory] *MTA I. Oszt. Ktzlemênyek*33: 367-421.

HUNGARIAN—AMBRICAN

1982 Hungarian-American Centennial Celebration of the Hungarian People's Settlement in South Bend Indiana.

HUXLEY. Fr.

1974 *The Way of the Sacred.*London: Aldous Books.

IVANOV, S. V.

1954 *Materialy po izobrazitel'nomy iszszkutsztvu narodov Sibi XIX. — nachala XX. v.* [Materials on the Pictorial Arts of the Peoples of Siberia in the 19th and in the Early 20th centuries] Moskva - Leningrad: Nauka.

1978 Some Aspects of the Study of Siberian Shamanism. In: DIÓOSZEGI, V — HOPPAL, M. (eds.): *Shamanism in Siberia.*19-25. Budapest: Akadémiai Kiadó.

IVANOV, V. V.

1976 Ouepku no ucmopuu ce Muomumkue B CCCP.*Moscow: Nauka.*

1984 *Nyelv, mítosz kultúra,* [Language, Myth, Culture] Budapest!: Gondolat

Kõnyvkiadó.

1986 *Paros és páratlan: Aszimetria az agyban és a jelrendszerekben.* [Odd and Even - Asymmetry in Brain and Sing Systems] Budapest: Kozmosz (originalinRussianl978Moscow).

IVANOV, V. V. —ECO, U. ET. AL.

1984 *Carnival!*Edited by Thomas A. SEBEOK (Texts by Umberto Eco, V. V. IVANOV, Monica Rector). Berlin — New York — Amsterdam: Mouton.

JABBOUR, A.

1981 *Ethnicity in American Style: Manipulating Symbols of Interlocking Identities*— Paper presented at the first American-Hungarian Folklore Symposium. Budapest.

JANKOVICS, M.

1984 Cosmic Models and Siberian Shaman Drum. In: HOPPÁL, M. (ed): *Shamanism, in Eurasia*1.149-179. Gottingen. Herodot.

JONES, W. T.

1972 World views: Their nature and their function. *Current Anthropology*13: 1: 79-91.

JÓZSA P.

1978 Néhány Jancsó-film jekends;zerének néhány mozzanata. [Sign-systems of Four Films of M. Jancsó] In: *A. társadalom jelei* 100-106. Budapest: Népmüvelési Propaganda Iroda. /Szemiotikai tanulmányok/

JÓZSAR (ed.)

1979 *Studies in Cultural Semiotics.*Budapest: Institute of Culture.

KALABÁNYI, I.

1932 A South Bend-i ev. ref. egyház története. [The history of the Protestant church in South Bend]. In: *Golden Jubilee Album of the Magyar People in South Bend, Indiana (1882-1932)*40-44. South Bend: Városi Élet Kiadása.

KELEMEN, J.

1987 Krise und Mogliche Auswege in der Semiotik. In: Paper for a Symposium on the Theoretical and Practical Relevance of Semiotics (in Hungarian: Valóság és kiútkeresés a szemiotdkában). *Valóság30:3;* 108-112.

KELKAR, A. R.

1980 *Prolegomena to an Understanding of Semiosis and Culture.*Manasagangotri: Central Institute of Indian Languages.

KERTÉSZ J.

1910 Szentiványi népszokások. [Folk customs of St. Ivan's Day] *Ethnographia* XII: 80.

KHOMICH, L. V.

1996 A Classification of Nenets Shamanism. In: DIOÓSZEGI, V. — HOPPAÁL, M. (eds.): *Shamanism in Siberia.*43-51. Budapest: Akadémiai Kiadó.

KLANICZAY, G.

1981 Trágárság és civilizáció. [Obscenity and civilization] In: NIEDERMÜLLERJ P. (ed.): *Folklórés mindennapiélet.*60-100. Budapest: Népmüvelési Intézet

KNIGHT, C. G.

1977 Ethnoscience as a research paradigm. In: McCORMACK, W C. — WURM, S. A. (eds.): *Language and Thought.*191-200. The Hague — Paris: Mouton.

KNÕDEL, S. - JOHANSEN, U.

2000 *Symbolik dertibetischen Religionenunddes Schamanismus.* Stuttgart: Hiersemann. /Symbolik der Religionen XIII./

KNOROZOV, Y. V

1986 *Ethnic Semiotics — Ancient Writing System*(in Russian). Moskva: Nauka.

KOCH, W A.

1986 *Evolutionary Cultural Semiotics,*Bochum: Studienverlag.

KOLODNY, R.

1975 Photography: Metamorphosis of Reality. *Folklore Forum*13: 51-56.

KONTRA, M.

1984-1985 Egy amerikai magyarok kõrében használt kérdóívrõl [About a questionnaire used amongst American-Hungarians]. *Magyar Nyelvjárások* XXVI-XXVII: 57-67.

KONTRA, M. —NEHLER, G. L.

1981 Ethnic Designations Used by Hungarian-Americans in South Bend, Indiana. *Ural-Aãaische Jabrbücher 53:*105-111.

KÓS, K.

1972 *Népélet és néphagyomány.*[Folk Life and Folk Tradition] Biikarest: Kriterion.

KOTKIN, A.

1984 Családi fényképezés, családi albumok. In: BÂN, A. — FORGACS, P. (eds.): Csaladi foto I. 71-81. Budapest: Múvelódéskutató Intéziet.

KOTTAK, C. PH.

1982 *Researching American Culture.*Ann Arbor: The University of Michigan.

KOVÁCS, G.

1897 *Páduai Szent Antal társulatának tortênete és ajtatossági kalauza Csík-Somlyon.* [From the history of St. Anthony's Society] Csikszereda.

KRADER, L.

1963 *Social Organization of the Mongol-Turkic Pastoral Nomads.*The Hague: Mouton.

KRUPA, A.

1974 Hiedelmek, varázslatok, boszprkányok. *[Folk Beliefs] Békéscsaba: TIT Kiadó.*

KÜLLÓS, I.

1972 Strukturalistdsche Folkioristik und Ethnographische Semiotik. Acta Ethnographica*21: 3-4; 390-393.*

KUNT, E.

1982 *Fényképezés és kulturakutatás. [Photography and the Study of Culture]* Fotómüvészet XXV:*4: 32-37; 49—50.*

1990 Bild-kunde—Volks-kunde. *(Die III. Internationale Tagung des Volkskundlichen Bildforschung Komittee bei SIEF/UNESCO — Miskolc /Ungarn/ 5-10. April 1988 Organisiert von der Abteilung fiir die Foirschung Visuellei: ICultur bei der Museumsdkektoriat vom IComitat Borsod-Abaúj-Zemplén). Miskolc: Herman Ottó Múzeum.*

KÜRTI, L.

1981 Immigrant Community — Immigrant Dance: Dance Traditions of Hungarian Immigrants in Norih-America.*Paper presented at the Annual CORD Conference Univ. of California, Los Angeles (MS).*

KYZLASOV, L. P. — LEONTIEV, N. V.

1980 *Narodnye risumki khakasov. [National Images of the Khakas] Moskva: Nauka.*

LANGNESS, L. L.

1965 The Life History in Anthropological Science, *New York: Holt, Rinehart and Winston.*

LANGNESS, L. L. —FRANK, G.

　1981 *Lives—An Anthropological Approach to Biography,* Novato, Cal.: Chandler- Sharp.

LAR, L. A.

　1998　*Shamani i bogi [Shamans and Gods] Tyumen: Institut Problem Osvoyeniya Severa.*

LAYTON, R. H.

　1987 *The Use of Ethnographic Parallels in Interpreting Upper Paleolithic Rock Art. In: HOIXY, L. (ed.):* Comprative Anthropology.*210-239. Oxford: Basil Blackwell.*

LEACH, E.

　1976 *Culture and Communication: The Logic by which Symbols Are Connected.* Cambridge University Press.

LeCRON-FOSTER, M.

　1974 *Deep structure in symbolic anthropology.* Ethos*II: 4: 334-355.*

LENGYEL, E.

　1948 Americans from Hungary.*Philadelphia — New York: Lippincott Comp.*

LEONTIEV, N. V.

　1978 *Antropomorfnye izobrazheniya okunevskoi kultury. [Anthropomorphic Images of the Okunev Culture] In: Sibir Tsentralnaya i Vostochnaya Aziyav* drevnosti, *88-118. Novosibirsk: Nauka.*

LEROI-GOURHAN, A.

　1964 *Les religions de laprêhistoire.*Paris: PUF.

　1965 *legeste et la parole —* La *memoire et les rhythmes.* Paris: Albin Michel.

LEVINE, D.

　1960 *On the conceptions of time and space in the Amhara world view. In:* Atti del convegno intenazionale de studi etiopici. *223-228. Roma: Accademia Nazionale dei Lincei.*

LÉVI-STRAUSS, Cl.

　1967 Structural Anthropology. *Garden City, N. Y: Anchor Books.*

LEWIS-WIIJJAMS, J. D.

　2004 *The Mind in the Cave. Consciousness and the Origins of Art . London: Thames* and Hudson.

LITTLEJOHN, J.

　1960 *The Temne House.* Sierre Leone Studies *14: 63-79.*

LoFUN, M. D. —WLNOGROND, I. R.

　1976 *A ci Jture as a set of beliefs.* Current Anthropology *17: 4; 723-725.*

LOTMAN, YU. M.

　1970 Staf'i po tipologii kul'tury *[Studies on the Typology of Culture]. Tartu: Tartuskiy Gos. Universitet*

　1973 *Different Cultures, Different Codes.* Times Literary Supplement *Oct. 1213— 1215.*

　1974 *The Sign Mechanism of Culture.* Semiótica*12: 4; 301-305.*

　1977 *La cultura come mente collectiva e i problemi della intelligenza arificale.* Urbino: Centxo Internazionale di Semiótica e di Linguística.

LOTMAN, YU. M.—USPENSKIJ, B. A.

　1984 The Semiotics of Russian Culture, *(Edited by Ann Shukman) Ann Arbor: Michigan Slavic Centre.*

LUCID, D. R (ED.)

1977 Soviet Semiotics: An Anthropology. *Baltimore: Johns Hopkins University Press.*

LÜUKO, G.

1942 *A magyar lelek formai.[Forms of the Hungarian Consciousness] Budapest: Exodus.*

LYLE, E.

1990 *Archaic Cosmos:polarity space and time.* Edinburgh: Polygon.

M. VARGA, R.

1909 *Szarvasvidéki babonák. [Superstitions]* EthmgrapMa XX:*113.*

MACCANNELL, D.

1976 *The Tourist: A New Theory of the Leisure Class.* New York: Schocken Books.

1979 *Ethnosemiotics.* Semiótica 27:*1: 149—171.*

MACCANNELL, D. — MACCANNELL, J. F.

1982 *The Time of the Sign: A SemioticInterpretation of Modem Culture.* Bloomington: Indiana University Press.

MAGYAR, K. —MAGYAR, J.

1981 *Hungarian Folk Dances in Hungary and in America. In: KOIXAR, W W. — VÁRDY, Á. H. (eds):* Folk Art of Hungary. *173-201. Pittsburgh:DUTIFA.*

MALONYAI, D.

1907 A magfar nép muvêszete*I. [Hungarian Folk Art I.] Budapest: Franklin Társulat.*

MANKER, E.

1950 Die Lappische Zaubertrommel*1-2. Stockholm: Thule. /Acta Lapponica 6./*

MARANDA, P. (ED.)

1974 *Soviet StructuralFolkloristics.*Paris: Mouton.

MARCUS, S. (ED.)

1978 *La sêmiotique formelle du folklore: approch linguistic—mathematique.* Paris: Klinsieck.

MARTYNOV, A. I.

1991 The Ancient Art of Northern Asia.*Urbana—Chicago: University of Illinois* Press.

MATHJKA, L. et al (EDS.)

1977 Readings in Soviet Semiotics.*Ann Arbor: Michigan Slavic Publications.*

MATYUSCHENKO, V. I.

1961 *Ob antropomorfnykh izobrazheniyakh na glinyarnykh sosudakh iz naseleniya Samus IV. [On the Anthropomorphic Images on the Clay Vessels of Samus IV.]* Sovetskaya Archeologiya IV: *266-269.*

1962 *Materialy po istorii rannevo shamanizma. [Materials to the Early History of Shamanism]* Thudy kraeved .Muzeja *IV. Tomsk.*

MAZRUI, A.

1978 *The Robes of Rebellion: Sex, Dress and Politics in Africa. In: POLHEJVRJS, T. (ed.):* Social aspects of the Humand Body, *196-217. Penguin Books. Harmondsworth.*

MELLES, K.

1987 Nisan sámánnõ. Mandzsu vajakos szovegek,*[Nishan Shaman. Manchu magical texts. — Selected and translated by IC Melles] Budapest: Helikon.*

MESNIL, M.

1974 Trots essais sur fete: Du folklore a l'ethnosemiotique, *Bruxelles: Edition de I'Universitè, de Bruxelles. /Cahiers d'Etude de sociologie culturelle 3.*

MESSERSCHMIDT, D. A. (ED.)

1981 Anthropologists at Home in North-America.*Cambridge: Cambridge University* Press.

MIFI NARODOV MIRA

1980-1982 Mifi Narodov Mira.*[Myths of the Nations of the World] Ed. by S. TOKAREV. Moskva: 12d. Szovyetszkaya Entsiklopediya.*

MITHEN, S.

1996 *The Prehistory of the Mind. A search for the origins of art, religion and science,* London: Thames and Hudson.

MORRIS, Ch.

1971 *Writing on the General Theory of Signs.* The Hague: Mouton.

MOSZYNSKY, K.

1929 *Kultura ludova slovian.* Krakow.

MUSELLO, Ch.

1980 Studydng the Home Mode*: On Exploration of Family Photography and Visual Communication.* Studies in Viasual Communication *6:1:23-42.*

MYERHOFF, B.

1982 *Life History among the Elderly — Performance, Visibility, and Remembering. In: RUBY, J.* (ed.): ACrack in theMirror.*99-117. Philadelphia: University of Pennsylvania Press.*

MYEFHOFF, B. - RUBY, J.

1982 *Introduction. In: RUBY, J. (ed.):* A Crack in the Mirror: Reflexive Perspectives in Anthropology.*1-35. Philadelphia: University of Pennsylvania Press.*

NAGY, D.

1979 *Az amerikai magyarok folklórja II. (Anekdoták— szólások). [The folklore of the American Hungarians (Anecdotes — phrases)] In: HOPPÁL, M. (ed):* Folklór Archivum 11 *Budapest: MTA Néprajzi Kutató Csoport.*

NAGY, Z.

2007 *On a Shamanic Drum of the Vasyugan River Khanty.* Shaman *15:1-2; 27-46.*

NEEDHAM, R. (ED.)

1973 *Right and Left: Essays on Dual Symbolic Classification.* Chicago: University of Chicago Press.

NORDBLADH, J.

1978a *Some Problems Concerning the Relations Between Rock Art, Religion and Society. In:* Acts of the International Symposium on Rock Art, *185-210. Hanko.*

1978b *Images as Messages in Society. Prolegomena to the Study of Scanditiavian: Petroglyphs and Semiotics. In: KRISTIANSEN, K. — PALUDAN-MÜLLER, C. (eds.):* New Direction in Scandinavian Archeology, *63-78. Copenhagen: The National Museum of Denmark.*

NORDBLADH, J. —ROSVATX J.

1974 *Petroglyph Areas in North Italy and South East France, (Val Camonica and Monte Bego: Some Methodological Considerations concerning the*

Study of Prehistoric Images Travel report) Göteborg: Institute of Art History.

NOVÁK, L, —UJVÁRY, Z. (szerk.)
1983 Lakodalom. *[weddings in Hungary] Debrecen: KLTE Néprajzi Tanszék.*

OGUIBENINE, B.
1979 *Linguistic Models of Culture in Hussian Semiotics. PTL:* Descriptive Poetics and Theory of Uterature*4: 91-118.*
1981 *The Semiotic Approach to Human Culture. In: STEINER, W. (ed.):* Image and Code.*85-95. Ann Arbor: University of Michigan.*

OKLADNIKOV, A. P.
1949 Istorija Yakutii.*[The History of Yakutiya] Moskva: Nauka.*
1974 Petroglify Baykala.*[Petroglyph of Baykal] Novosibirsk: Nauka.*

OKLADNIKOV, A. P. ET AL.
1979 Petroglify doliny reki Elangas.*[Petroglyphs along the Elangas river] Novosibirsk: Nauka.*

OKLADNIKOV, A. P. —MARTINOV, A. I.
1972 *SokrovishchaTomskikhpisanits.* [The Treasures of the Tom river Petroglyphs] Moskva: Iskusstvo.

OKLADNIKOV, A. P- ZAPOROZHSKAYA B. D.
1970 Petroglify zabajkala*2. [Petroglyphs from the Baykal regions] Leningrad: Nauka.*

OPPITZ, M.
1992 *Drawings on shamanic drums: Nepal.* Res *(Autumn) 22: 62-80.*
1998 *Dnaxn Fabrication Myth.* Asiatische Studien/Etudes Asiatique *III: 2: 531-573.*
1999 *Materielle Kultur und Transformationsbegriff. Zur Morphologie der Schamanentrommel.* Mitteilungen des Instituts fiir Wissenschaft und Kunst*54: 2-3: 27-40.*
2007 Trommeln der Schamanen.*Zürich: Völkerkundemuseum der Universität.*

ORMISTON, G. L.
1980 *Hermeneutics: A question of Understanding Sing Iteration et cetera?* Ars Semiótica y. *2:137-158.*

OROSZ, M.
1981 *A magyar szemiotikai kutatások bibliográfiája. In: GRAÁFIK, I. — VOIGT, V. (szerk.):* Kultúra és szemiotika.*445-475. Budapest. /Muszeion Könyvtár 4./*

ORTUTAY, Gy. —KATONA, J.
1970 Magyar népdalok. *[Hungarian Folk songs] Budapest: Szépirodalmi Kiadó.*

P. MADAR Ilona
1967 *Sárrétudvari hiedelmek. [Folk Beliefs from Sárrétudvari]* Népraj^i Közlemények *XII: 1-2; 23-223.*

PATACHAKOV, K. M.—TUGUZHEKOVA, V. N.
1996 Semantika risunkov na bubne khakasskikh shamanov. *[Semantics of Drawings on the Khakas Shamans Drums] Catkan 44-53. Abakan: Khakas Gos. Universitet.*

PAVLINSKAYA, L. K
2001 *Cultural Regions in Siberian Shamanism. In: PENTIKAINEN, J. (ed.):* Shamanhood. Symbolism and Epic, *41-48. Budapest: Akadémiai Kiadó. /Bibliotheca Shamanistica 10./*

PELC, J.

1985 Tasks for the Future ..*International Semiotic Spectrum* 4:1-2,

PENTIKÁINEN, J.

1987 *Tlie Shamanic Drum as Cognitive Map. The Historical and Semiotic Study of the Saami Drum in Rome. In: GOTHONI, R. —PENTIKÁINEN, J. (eds.):* Mythology and Cosmic Order.*17-36. Helsinki: Suomalaisen Kirjallisuuden Seura.*

PÉTERFY, L.

1977 *Faragott sírkövek és díszítményeik a nagykendi temetóben. [Carved tomb-stones and their decorative art]* Folklore Archivum *7: 79-163.*

PETERSON, E. G. Msgr.

1984 *The History of Branch 132-75 Years of Service. In:* Diamond Jubilee Album *9-33. South Bend, Indiana.*

PETŐFI S. J.

2004 A szoveg mint komplex jel *[The Text as a Complex Sign] Budapest: Akadémiai Kiadó.*

PETRASS, A.

1975 *Hungarian Community of South Bend— History of the Hungarian Community Since 1882.* (MS)

PLNXTEN, R.

1980 *Anthropology of Space: Explorations in Natural 'Philosophy and Semantics of Navaho Indians.*Ghent. /Communication and Cognition/

PIVANYI, J.

1944 Magfarok Êszak~Amerikában.*[Hungarians in North-America] Budapest: Officina.*

PÓCS É.

1954 *Zagyvarékas néphite. [Folk Beliefs of ZagyFvarékas]* Neprajzi Kõzlemények *IX: 3-4.*

POP, M. - RUXANDOIU, F.

1972 Folclor literar. *Bucuresti: Didactica.*

POPOV, A. A.

1984 Nganasany.*[The Nganasans. ed. by G. N. GRACHOVA — Ch. M. TAKSAMI] Leningrad: Nauka.*

POPOVA, A.

1977 Le Chevauchee de cavalier invisible. L'*Ethnographie* 74-75: 101-128.

POTAPOV, L. P.

1978 The Shaman Drum as Source of Ethnographical History. In: DIÓSZEGI，V. —Hoppál, M. (eds.)*: Shamanism in Siberia.*169-179. Budapest: Akadémiai Kiadó.

1991 Altayskiy shamanism. *[Altaic Shamanism] Leningrad: Nauka.*

1999 *Shamarl's Drum: A Unique Monument of Spiritual Culture of the Altai Turk Peoples.* Anthropology of Consciouness*10: 4: 24: 35.*

PRINZ, Gy.

1924 Die Siedlungsformen Ungarns. *Ungarische JahrbiicherA:* 127-142, 335-352.

PROKOFYEVA, Ye. D.

1961 Shamaniskiebubny *[ShamanicDrums] In:* lstoriko-etnografichesky Atlas Sibiri. *[Historico-Geographical Adas of Siberia] 435-490. Moskva — Leningrad: Nauka.*

PUSKÁS,J.

1970 *Magyar szervezetek Amerikiában (Az 1880-as évektól nap j ainkig). [Hungarian Organisations in America (From the year 1880 until now)]*

Tõrténelmi Szemle*13: 528-568.*
1982 Kivándorló magyarok az Egyesült Államokban (1880—1940) *[Hungarian immigrants in the USA (1880-1940)].* Budapest: Akadémiai Kiadó.

PUTZ, É.
1943 A kolonyi lagzi .*Pozsony: Szlovákiai Magyar Kõzmüvdódési Egyesület.*

RIPINSKY-NAXON.
1998 *Shamanic Knowledge and Socmolog.In: WAUTISCHER, H. (ed.):* Tribal Epistenologies.*119-161. Aldershot: Ashgate.*

RÓHEIM, G.
1925 Magyar néphit és népszokások.*[Hungarian Folk Beliefs and Customs] Budapest Atheneum.*

ROKEACH, M.
1969 *Beliefs, Attitudes, and Value: A Theory of Organization and Change.* San Francisco: Jossey-Bass.

ROSNER, K.
1984 *On Some Difficulties Involved in Lotman's Concept of the Semiotics of Culture. In: PELC, J. et al. (eds.):* Sign, System and Function.*355-350. Berlin: Mouton.*

ROSSI-LANDI, F.
1978 *Sign Systems and Social Reproduction.* Ideology and Consciousness*3: 49-65.*
1979 *Ideas for a Manifesto of Materialistic Semiotics.* Kodikas/Code *2:121-123.*

ROUCH, J.
1978 On the Vicissitudes of the Self: The Possessed Dancer, the Magician, the Sorcerer, the Filmmaker and the Ethnographer. *Studies in the Antropology of Visual Communication* 5:1-8.

RUSSEL, J. B.
1980 A. History of Witchcraft.*London: Thames and Hudson.*

SALADIN D'ANGLURE，B.
1992 Rethinking Imiit shamanism Through the Concept of 'Third Gender'. In: HOPPÁL, M. —PENTIKAIMEN, J. (eds.): *Northern-Religion and Shamanism.* 146-150. Budapest — Helsinki: Akadémiai Kiadó — Finnish Literature Society.

SCHEFFERUS, J.
1673 Lapponia .Frankfurt (New edition 1956. Uppsala).

SCHERER, D.
1975 *The Hungarian-Americans of South Bend. Ethnic heritage studies program*--Indiana University at South Bend.

SCHUCHAT, M. G.
1971 *Hungarian Food: The Interrelations between Cosmopolitanism and Ethnicity.* (Ph. D. Dissertation) South Bend: The Catholic University of America. /Anthropology Studies 18./

SCHÜTZ, A. **—LUCKMAN,** Th.
1984 Azéletvilág struktúrái. [Strukturen des Lebenswelt]. In: *A fenomemológia a társadalomtudománjokban.* [Phenomenology in social sciences] 269-320. Budapest: Gondolat Kõnyvkiadó.

SCHÜTZ, A.
1966 Some Structures of the Life-World. In: *Collected Papers III.*116-132. The Hague: Nijhoff.

SCHWARTZ, G. - MERTON, D.
1968 Social Identity and Expressive Symbols - The Meaning of an Initiation Ritual .*American Anthropologist 70:*1117-1131.
SCHWIMMER, E.
1977 Semiotics and Culture. In: SEBEOK，Th. A. (ed): Prefusion of songs 153-179. Bloomington: Indiana University Press.
SCHXJCIMMER, E. A.
1979 Feasting and Tourism: A Comparison. *Semiotica 27*:1 -3; 221-235.
SEBEOK, Th. A.
1948 Data on Nakedness and Related Traits in Hungary. *Journal of American Folklore 61: 356-363.*
1972 Perspectives in Zoosemiotics, *The Hague — Paris: Mouton.*
1974 Szignál, szimptoma, ikon, index, szimbólum, név; [Signal, symptom, Icon, Index, Symbol, Name] In: IMRE, S. (szerk.): *Jelmtêstan és stílisztika.518-523. Budapest /Nyelvtudományi Értekezések 83./*
1976 Iconicity. *Modem language Notes 91: 1427-1456.*
SEBEOK, Th. A. et al. (EDS.)
1964 *Approaches to Semiotics.* Hague: Mouton.
SEM, T. YU.
1993 Idea kozmicheskoi svyazi v atributike evenskikh shamanov. [The idea of cosmic relations in the paraphernalia of the Even Shamans] In: *Etnosemiotika ritualnykh preametov.*[Ethnosemiotics of Ritual Objects] 127-140. St. Petersburg: Nauka.
1999 Schamanische Symbole und Rituale in Siberien vind dem Fernen Osten. In: ROSENBOHM, A. (hrsg.): *Schamanen zwischen Mytbos and Modeme,*10-40. Leipzig; Militzke.
SEROV, S.
1988 Quardians and Spirit-Masters of Siberia. *Crossroads of Continents of Siberia and Alaska,* 241-245.
SHER, J. A.
1980 *Petroglify srednej i central'noj Azii.*[Petroglyphs in Central Asia] Moskva: Nauka.
2000 Ancient Art: Facts, Hypotheses, Methods and Theory. *Archaeology, Ethnology and Anthropology of Eurasia* 22:11—(Novosibirsk)
SHERZER，J.
1977 Linguistic Games: Implications for (Socio) Linguistics. *Working Papers and Prepublications* 37. Urbino: Centro di Semitoca e Lingistica.
SHILS, E.
1983 Das Zentrum des ICosmos und das Zentrum der Gesdlschaft. In: DUERR, H. P. (ed.): *Sehnsucht nacb dem Ursprung.*538-558. Frankfurt am Main: Syndikat.
SHUKMAN, A.
1977 Literature and Semiotics: A. Study of the Writings of Yu. M. *ljotman.Amsterdam: North Holland.*
SLIKALA, A. L.
1984 Finnish Rock Art, Animal Ceremonialism and Shamanic Worldview In: HOPPÁL, M. (ed.): *Shamanism in Eurasia* I: 67-84. Gottingen: Herodot.
SINGER, M.
1978 For a Semiotic Anthropology. In: SEBEOK, Th. A. (ed.): *Sight, Sound; and Sence.*202-231, Bloomington: Indiana University Press.
1981 Man's Glassy Essence; Explorations in Semiotic

Anthropology.Bloomington: Indiana University Press.

SNESAREV, G.P

1957 O *nekotorykh prichinakh sokhraneniya religionznibytovkh perezhyitkov u uzbekov Khorezma.*[On some causes of preservation of the religious survivals among the Uzbeks of Khorezm] *Sovietskaya-Etnografia* 2: 60-72.

SOLYMOSSY, S.

1944 A meztelenség babonája. [Superstitions of Nakedness] In: *A magyarsag neprajza IV*. 324-328. Budapest: Egyetemi Nyomda.

SOMMARSTRÒM, B.

1989 The Sami Shaman's Drum and the Holographic Paradigm Discussion. In HOPPÁL, M. - SADOVSZKY, O. von (eds.): *Shamanism: Past and Present I.* 125-144. Budapest: Ethnographic Institute — Los Angeles: ISTOR.

SONTAG, S.

1973(1978) *On Photography,*New York: Farrar, Straus and Giroux.

SPRADLEY, J. P.

1980 *Participant Observation.*New York: Holt, Rinehart and Winston.

SPRADLEY, J. P. —RYNKIETOCH, M. A. (EDS.)

1975 *The Nacirema — Reading on American Culture.* Boston — Toronto: Litde, Brown.

STAFFORD, Ph. B.

1977 *The Semiotics of Old Age in a Small Midwest Town: An Interactionist Approach,* (MS). Thesis. Indiana University.

STAIANO, K. V.

1979 A Semiotic Approach to Ritual Drama. *Semiótica*28: 3-4; 225-246.

STEIN, H. F. —HILL, R. F.

1977 *The Ethnic Imperative: Examning the New White Hthnic Movement.* University Park: Pennsylvania State University.

STELKOVITS, A. J.

1984 The William Penn Story. In: *Diamond Jubilee Album.*35-40. South Bend.

STEPANOV, Ju. S.

1971 Çin Russian) Moskva: Nauka.

STOLZ, A.

1988 *Schamanen: Ekstaze und Jenseit-symbolik,* Kõln: DviMont.

STRICKEN, A.

1984 Ethnicity and Relations with the Old Country: Norwegians in Rural Wisconsin. In: GOLD, G. L. (ed.): *Minorities and Mother Country Imagery* 34-55, Memorial University Newfoundland.

SÜMNER, W G.

1978 Nêpszokãsok.*(Folkways) Budapest: Gondolat Kõnjrvkiadó.

SZEMERKÉNYI, Á.

1974 A Semiotic Approach to the Study of Proverbs. *Proverbium* 24: 934-936.

SZENDREY, Á.

1930 Meztelenség a magyar néphitben. [Nakedness in Hungarian Folk Beliefs] *Népünk ésNyekünk* III: 129-133.

SZENDREY, Z.S.

1918 Szalontai jeles napok. [Folk Holydays] *Ethnoff-aphia* XXVII: 80.

SZENT ISTVAN HITKÖZSÉG

1950 Szentlstván Hitközség aranyjubileuma. [The Golden Jubilee of St. Stephen's I Parish] South Bend: City Life. SzÜcs, S.

1941 Javasok Nagysárréten. [Folk Healers] Ethnographia LII: 265-274.
TAMBIAH, S. J.
1973 Classification of Animals in Thailand. In: DOUGLAS, M. (ed.): Fules and Meanings. 127-166. Harmondsworth: Penguin.
TARASTI, E.
1984 Semiotic in Finland. Zeitschriftfiir Semiotik 6: 1-2; 117-120.
TARCAI, L.
1936 A Verhovayak a munkásharcokban. [The Verhovayans in the workers' struggle] Verhovayak Lapja XIX: 2: 58-61.
TAX, S.
1941 World view and social relations in Guatemala. American Anthropologist 43: 27-42.
TEDLOCK, D.
1982 Anthropological Hermeneutics and the Problem of Alphabetic Literacy. In: RUBY, J. (ed.): A Crack in the Mirror. 149-162. Philadelphia: University of Pennsylvania Press.
TÉGLÁS, G.
1908 Pásztorszokások Csfkgyergy6 határszéli községeiben. [Folk customs of shepherds in Transylvania] Néprajzi Értesitö 14: 294-296.
TITUS, S.
1976 Family Photographs and Transition to Parenthood. Journal of Marriage and the Family 38: 3: 525-530.
TOELKEN, B.
1968 The Folklore of Academe. In: Brunvand, J. H.: The Study of American Folklore --An Introduction 317-337. New York.
1979 The Dynamics of Folklore. Boston: Houghton Mifflin.
TOPOROV, V. N.
1976 Towards the Origin of Certain Poetic Symbols: The Paleolithic Period. In: BARAN, H. (ed.): Semiotics and Structural Readings from the Soviet Union. 184-225. White Plains, N.Y.: Inst. Arts and Science Press.
1979 Ob adnom klasse simvolicheskikh t'ekstov. [On one category of symbolic texts] In: Balcano-Balto-Slavica. 116-124. Moskva: Nauka.
TOTH-KURUCZ, M.
1976 Dalolo öreg amerikások [Singing old American-Hungarians]. Cleveland: Néprajzi Kis Könyvtár.
TROIL, V.
1913 Emlékkönyv a bridgeporti (Conn.) Ráköczi Magyar Betegsegélyez6 Egylet 25 éves Jubileumára. [Yearbook of the 'Rák6czi' Hungarian Charity Association's 25th anniversary] New York: Amerikai Magyar Népszava.
UJVARY, Z.
1980 AMennyb61jöttlevél. [LetterfromHeaven] Népszokásésnépköltészet-Válo-gatott tannlmányok. [Folk Customs and Folk Poetry — Selected Writings] 447-493. Debrecen. /A Hajdá-Bihar megyei mázeumok közleményei 35./
UMIKW G. P.
1957 O nekotorykh prichinakh sokhraneniya religioznibytovykh perezhitkov u uzbekov Khorezma. [On some causes of preservation of the religious survivals among the Uzbeks of Khorezm] Sovietskaya Etnografia 2: 60-72.
SOLYMOSSY, S.

1944 A meztelenség babonája. [Superstitions of Nakedness] In: A magyarság néPrajza IV. 324-328. Budapest: Egyetemi Nyomda.

SOMNIARSTRÖM, B.

1989 The Sämi Shaman's Drum and the Holographic Paradigm Discussion. In HOPPAL, M. — SADOVSZKY, O. von (eds.): Shamanism: Past and Present I. 125-144. Budapest: Ethnographic Institute — Los Angeles: ISTOR.

SONTAG, S.

1973 (1978) On Photography. New York: Farrar, Straus and Giroux.

SPRADLEY, J. P.

1980 Participant Observation. New York: Holt, Rinehart and Winston.

SPRADLEY, J. P. — RYNKIEWICH, M. A. (eds.)

1975 The Nacirema — Reading on Anerican Culture. Boston — Toronto: Little, Brown.

STAFFORD, Ph. B.

1977 The Semiotics of Old Age in a Small Midwest Town: An InteractionistApproach. (MS). Thesis. Indiana University.

STAIANO, K. V.

1979 A Semiotic Approach to Ritual Drama. Semiotica 28: 3-4; 225-246.

STEIN, H. F. —HILL, R. F.

1977 The Ethnic Imperative: Examining the New White Ethnic Movement. University Park: Pennsylvania State University.

STELKOVITS, A. J.

1984 The William Penn Story. In: DiamondJubilee Album. 35-40. South Bend.

STEPANOV, Ju. S.

1971 Semiotika. (in Russian) Moskva: Nauka.

STOLZ, A.

1988 Schamanen. Ekstaze nndJenseit-symbolik. Köln: DuMont.

STRICKEN, A.

1984 Ethnicity and Relations with the Old Country: Norwegians in Rural Wisconsin. In: GOLD, G. L. (ed.): Minorities and Mother Country Imagery *34-55. Memorial University Newfoundland.*

SUMNER, W. G.

1978 Népszokások. (Folkways) Budapest: Gondolat Könyvkiado.

SZEMERKÉNYI, A.

1974 A Semiotic Approach to the Study of Proverbs. Proverbium 24: 934-936.

SZENDREY, A.

1930 Meztelenség a magyar néphitben. [Nakedness in Hungarian Folk Beliefs] Népunk ésNyelvunk Ill: 129-133.

SZENDREY, Zs.

1918 Szalontai jeles napoka [Folk Holydays] Ethnographia XXVII: 80.

2010 Voigt Vilmos konyvészete,*(Compiled by Sz. Molnár). Debrecen: A Debreceni Egyetem Néprajzi Tanszéke. /Studia Folkloristica et Ethnographica 54./*

Ware, H.

1916 The American-Hungarian Folk-Song. *The Musical Quarterly*2: 3: 434-441.

WASILEWSKI, J. S.

1976 Space in nomadic culture — A spatial analysis of the Mongol yurts. In: *Altaica Collecta.*345-360. Wiesbaden: Otto Harrassowitz.

WATSON-FRANKH, M.-B. - **WATSON**, L. C.

1975 Understanding in Anthropology: A Philosophical Reminder. Current *Anthropology*16: 2: 247-262.

WENGLE, J. L.

1984 Anthropological Training and the Quest for Identity. *Ethos*12: 3: 223-244.

WLDENGREN, G.

1960 Aspetti simbolici dei templi. *Numen*7: 1-25.

WINNER, I. P. - **WINNER**, Th. R

1976 The Semiotics of Cultural Texts. *Semiótica*18 2: 101-156.

WLNNER-PORTIS, I.

1979 Ethnicity, Modernity, and Theory of Culture Text *Semiótica*21:1-3; 103-147.

1984 Theories of Narration and Ethnic Culture Texts. In: PELC, J. et al. (eds.): *Sign, System and function* 439-455. Berlin: Mouton.

WITHERSPOON, G.

1977 *Language and A.rt in the Navaho Universe.*Ann Arbor: The University of MichiganPress.

ZACHARISSON, I.

1991 The Saami Shaman Drum — Some Reflection from an Archeological Perspectives. In: ÂHLBACK, T. — BERGMAN, J. (eds.): *The Saami Shaman Drum.*80-95. Abo — Stockholm: Almqvist—Wiksell.

ZEITUN, St. J. (EDS.)

1982 *A Celebration of American Family Folklore.*New York: Pantheon Books

图书在版编目（CIP）数据

民族符号学：文化研究的方法 /（匈）米哈伊·霍
帕尔著；彭佳，贾欣译．--北京：社会科学文献出版
社，2020.3
（传播符号学书系）
书名原文：Ethnosemiotics：Approaches to the
Study of Culture
ISBN 978 - 7 - 5201 - 4598 - 5

Ⅰ.①民…　Ⅱ.①米…②彭…③贾…　Ⅲ.①民族学
- 符号学 - 文化研究　Ⅳ.①C95②H0

中国版本图书馆 CIP 数据核字（2019）第 054876 号

·传播符号学书系·

民族符号学：文化研究的方法

著　　者 / ［匈］米哈伊·霍帕尔（Mihály Hoppál）
译　　者 / 彭　佳　贾　欣
审　　校 / 张建中

出 版 人 / 谢寿光
责任编辑 / 张建中

出　　版 / 社会科学文献出版社·政法传媒分社（010）59367156
　　　　　　地址：北京市北三环中路甲 29 号院华龙大厦　邮编：100029
　　　　　　网址：www. ssap. com. cn
发　　行 / 市场营销中心（010）59367081　59367083
印　　装 / 三河市龙林印务有限公司

规　　格 / 开　本：787mm × 1092mm　1/16
　　　　　　印　张：15.75　字　数：231 千字
版　　次 / 2020 年 3 月第 1 版　2020 年 3 月第 1 次印刷
书　　号 / ISBN 978 - 7 - 5201 - 4598 - 5
著作权合同
登 记 号 / 图字 01 - 2018 - 7148 号
定　　价 / 79.00 元

本书如有印装质量问题，请与读者服务中心（010 - 59367028）联系